# 「書く力」を身につければ面白いほど仕事はうまくいく！

福島哲史

KKロングセラーズ

# はじめに

これからのビジネスマンに問われる能力のうち、一つを上げるとしたら、私は間違いなく〝書く力〟だと思います。

仕事の成果とは、端的に言うと、表現されたものです。表現ということの手段をつきつめるなら、話すことと書くことの二つです。話すことの重要性は、よく語られ、多くの本も出ています。

一方、書くことに関しては、確かに本もたくさんあるのですが、ほとんどがビジネス文書文例集の域を出ていません。学者、作家などの書いた文章読本も多々ありますが、ビジネスの現場からは、隔たりを感じます。

多くの人が必要とする〝書く力〟は、手紙やエッセイ、小論文を仕上げるようなものではないからです。

それ以前に必要な〝書く力〟がたくさんあります。たとえば、毎日の仕事の現場で求められるのは、報告書、記録、レポート、議事録、日誌などの類です。さらにもっと基本には、メモ、手帳、スピーチなどの草稿、企画書、広報、広告宣伝物、印刷物、FAXやメールなどがあります。その内容をつくっていくのが〝書く力〟なのです。

特に、IT革命によって、ホームページ、ブログ、メールがビジネスに欠かせないものとなってからは、はっきりと、〝書く力〟がビジネスを決めるようになったといってもよいでしょう。これまでの大企業も、一個人も、この武器の前では、平等です。

一人の書く力によって、大企業並みの、少なくともそこの社長の数倍の報酬を得られるだけのステージが整ったのです。ホームページやブログの文章を書く力一つで、売り上げが十倍増するといっても嘘ではありません。逆に、全く無視されてしまうこともあります。

ここでいう〝書く力〟とは、単に書けばよいというものではありません。書く内容を創り出す力とそれを相手に伝える力を含んでいます。この本では、この二つを中軸において述べていきます。

私は、多くの人が単に話すことで済ましていることを、わざわざ書いてみると、いかにものごとが正確にトラブルなく進むかということを多くの企業にアドバイスし、めざましい成果を出してきました。ある企業では、アイデアの発案、企画から部下のマネジメント、育成まで、〝書く力〟によって行なうようにしたために、効率が数倍アップしました。

その過程でわかったのは、〝書く力〟を磨くことが、様々なことに活用できることでした。仕事の実力を伸ばしたり、自己啓発、自己実現に至るまで、それらを圧縮した考え方を〔TF式〕として発表してきました。

私自身、自分の事務所やプロジェクトチーム、外注先のビジネスにおいても、書くことで、いくつもの仕事を何人もの関係者と共に効率よく動かしてきました。私もまた、〝書く力〟によって飯を食べてきたのです。

自分の実力を確実につけ、仕事を効率よくやり遂げ、人生をも楽しむ。そのためには、これからは〝書く力〟がますます重要になるでしょう。

創造性を求められる現場では、口（話）よりも文字（書いたもの）が大切になります。

その理由についても、本文に述べました。

若い人には、話し上手よりも、まずは書き上手になって欲しいと思います。それが仕事の全ての力を大きくつける秘訣です。それはまた、話し上手になる早道でもあります。

現に、ＩＴ企業のめざましい大躍進やベンチャー、脱サラ、サラリーマンや主婦のサイドビジネスなどの成功例は、すべて、この書く力の延長上にあるといっても過言ではありません。

また、ビジネスの現場の第一線にいる人には、今一度、書くことの効用を確かめてもらい、さらに実践していって欲しいと思います。〝書く力〟のある熟練したビジネスマンたちには、〝書く力〟こそが、マネジメントやコミュニケーションに絶大な力を発揮することと、仕事や人生をより充実させ深めるための、最大のツールなのだということを再確認してもらえたらと思います。

この本は、私と関わってきた多くの方の〝書く力〟を合わせて生み出されました。

さらに多くの方に、この〝書く力〟がお役に立てれば、著者としてこれ以上の喜びはありません。

福島哲史

# 「書く力」を身につければ面白いほど仕事はうまくいく!

●もくじ

## 第2章 書く内容をどう掴むか〈自分の考えの構築法〉

## ■情報の取捨選択と加工のために　106

第3章

# 書くための技術〈表現するためのシステム〉

## 第4章 実際に書くためのケーススタディ〈実践練習法〉

## ■柔軟で強力な表現力をつける　189

■IT時代の〝書く力〟　206

## ❶「話し下手」は意外とビジネスに強い

「話さえうまければ、もっと仕事がうまくいくのに」と考え、悩んだ経験は多くの人がもっているでしょう。でも、安心してください。少なくとも、私が知っている範囲では、話し方の技巧だけでビジネスが決まることはほとんどありえないからです。

私はトップセールスマンや多くの人脈をもつコーディネーターにたくさん会ってきましたが、これまで話がうまいと思った人はあまりいませんでした。いや、その実績をなまじ聞いてから会ったせいか、期待に反して話し下手といった方が当てはまるような人が少なくなかったのです。話がうまい人もいましたが、なぜかそれを感じさせませんでした。

一般的に言って、〝話し上手〟というイメージが残った人というのは、結局のところ、話し上手だけを商談の唯一の道具にしているから、そんな印象をもってしまうのではないでしょうか。つまり、心で感じるものがないと、話し方のうまさが浮いてしまうのです。トップセールスマンやビジネスエグゼクティヴは、決して話のうまさでは勝負していない、まずはそこのところを念頭においてください。

## ❷書くことで客観視できる

仕事であれ、自分のことであれ、なんらかの表現をしなくては、誰にも伝えられません。表現はおおむね〝話すこと〟、〝書くこと〟の形でアウトプットされますが、その印象を決めるものには、その人のキャリアと態度、パーソナリティなどが隠されています。

キャリアというのは、過去から現在にいたるまでのアウトプットした結果のことです。これが実績として認められていると、同じ話や書いたものが効果を出します。ビジネスなら、発言力も大きくなります。言わば、それはその人の今までやってきたことからくる力です。

それに対し、態度とは、笑ったり、怒ったり、満足そうだったり、不服そうだったりといった、そのときの様子です。表情や声、身ぶりを通して、ことばではないところで、伝えたいことが伝わります。これは、その人の印象からくる力と言えるでしょう。

これらについては、相手がそれをどのように捉え、どういう感じで思っているかによって、価値が異なるでしょう。態度は、話に色濃く出てきます。たとえば、好感度で測られます。

もちろん基本は話すことと書くことです。キャリア、態度やパーソナリティは、その周辺の情報であって、伝えたい内容ではないからです。

内容を伝えるのは、言葉です。これは、話すことと書くことのなかで扱われます。

話すことは、同じ時間に同じ場（電話でも、自分と相手がつながっている状態）で行なわれます。一言ずつ言葉を発するところから消えていきます。そこで、メリハリ、ノリ、リズムに、あなたの態度やパーソナリティも大きな要因となります。

では、書いたものはどうでしょうか。それは書かれた時点で、一端、書き手を離れます。あなたが書いても、一つの作品のように、その内容だけで、少なくとも、話よりはフェアに価値を測られます。話には、必ず伴ってしまう内容以外の伝達要素（キャリア、態度、パーソナリティなど）が、文章では抑えられるのです。

それは、あなた自身にとっても同じです。つまり、あなたにもチェックがしやすいのです。客観的に、自分の書いたものを省みることができます。それを繰り返していくと、知らずと自分の力をつけることになるのです。

「話し方よりも書く力を」と私がお勧めしたのは、まずは書いたものは、客観的に見ることができるからです。

## ❸書くことが嫌な理由は、思い込みにすぎない

多くの人の書くことが嫌な理由は、手を動かすことに対する抵抗といった方が早いようです。それに、書いたものを見返したときの気恥ずかしさがあるようです。それでも、自分の話をテープで再生したとき、自分の声を聞くほどのきまりの悪さはないでしょう。それに、今は誰もがメールで、書くことに慣れてきています。

しかし、書くことの奥深さに、多くの人は何となく気づいているのです。

書くということは、頭の中身が見えてしまいます。こちらが、自分でも気づいていないところまで見えるだけに困るのです。話でも見えるのですが、話はその場限り、書いたも

のは残るからです。
最近は、メールであまりに気軽に送信できるので、この辺のこと（頭の中身が見える、内容が残るなど）に対して、逆に配慮が足りなくなっているように感じます。

書くことを嫌う、もう一つの大きな理由は、時間がかかるということでしょう。〝時は金なり〟のビジネスにおいて、書くことも読むことも時間がかかります。話と違い、書いたものは即決をせまられないので、書類をタライ回しにして、何も決定しないということもあります。これは、昔の〝お役所仕事〟のやり方でした。もちろん、問題は書くことでなく、仕事への取り組みの方なのです。

しかし、どうでしょう。〝できるだけ早く片づけていく〟そのために書くことは最適なのです。現に、メールがこれほど普及したのは、そのためです。何しろ、話のように相手をつかまえなくてもよいのですから。
さらに、少し複雑なことは、話ではわかりにくいものです。何が問題なのか、何を解決し、どういう手段でやればいいかがわからない。話だけで決めて行動すると、誤解や思い違いで手痛い目にあうこともあります。だからこそ、書いて思考しなくてはいけないのです。つまり、より深く考えるために書くのです。

## ❹話し言葉は伝わっていない。だから書く

話し言葉で「伝える」ことは、「伝わる」ことになりません。本当は伝わるように伝えなくてはいけないのです。しかし、言ったところから消えてしまう話は、相手の聞く能力に任せざるをえないのです。話のやっかいなところは、どのように伝わったか、あるいは、伝わったかどうかということさえ、わからないことです。

それに対して書くことは、少なくとも相手に伝えることを念頭にして書き直せます。確かに、書く能力によって違いもでますが、受けとった人がその場でチェックすれば、あとは話で補えます。メモをとるのが下手な人には、書いて渡せばよいのです。

何よりもの証拠に、大切なことは皆、面倒くさくても書いているのです。

誰もが書くのが確実で間違いのない方法だと知っています。ならば、どうして仕事を〝書くこと〟で進めていかないのでしょうか。仕事こそ、間違いがあってはならないもの

でしょう。

相手が小さな子供なら、お使いにやるときも、メモを渡すでしょう。その方が結果として早いからです。それに精神的にもよいでしょう。イライラ心配せずに、次のことに取りかかれます。書いて渡したら、頭の中はスッキリします。あとは結果待ちです。

社会人にも、情報の伝達や受けとりに関しては、小さな子供なみの人がたくさんいます。「子供の使いじゃないぞ」といくつになっても叱られている人がいます。しかし、うまくいかないのは、やり方が悪いのです。話すのでなく、書いて伝えれば、多くの伝達の問題はすぐに解決します。

## ❺目標は公言するよりも書く「有書」実行で

目標やするべきことは、書くことです。まわりの人に公言して、自分にプレッシャーをかけるのも一つの手ですが、案外とまわりの人は期待もしないものです。肝心の自分自身が忘れることもあります。

こういうときは、書いて掲げるのが常道ですね。まわりも、それを見るからやらざるをえません。その紙を破ったら達成、おろしたら負けとはっきりします。意地や熱意が出てきて、自分の力以上のものが引き出されます。そうして皆、実力をつけていったのです。

昔から、本当の決意というものは紙にしたためられました。血判もその一つです。信頼できるもの同士、証拠の残らぬ口約束で済ませばよいものを、なぜ、紙にわざわざ書いたのでしょうか。〝それによって、きずなをより強く、自らの覚悟を新たにする〟確認のためです。

最近は、無言実行でなく、有言実行だという人が多いようです。私などは、有言実行したためしがありません。口から出ることは人が聞いて冗談としか思わない大ブロシキであって、現実のマナ板にのらないからです。「楽しきゃいいじゃない、会話なんて」と思っているからです。しかし、やるべきことは〝有書実行〟しています。やろうとしたときには必ず書いているのです。

書くことは、前向きでしっかりしたものとなるものです。うじうじと書いても、気が晴れないからです。多分、書こうとしたところで、一歩前進しているのでしょう。ならば、ぐじぐじと話すよりも先に、書くことにチャレンジした方がよいのではありませんか。

現実的な目標は、話すより書くことです。〝口から出まかせのようにほろっと言うより、書いてその文字に力を込めよ〟ということです。何度も読み返せるし、書き直すこともできます。そのことは、ポジティブな力をあなたにみなぎらせるはずです。

## ❻書きつづけることが「成功の道」

どうやら、この世には成功のルールというものが存在しているらしいのです。何かをやり遂げた人には、共通に踏まえていることがあります。これは武道の型やスポーツの基本フォームのようなものです。それを最初に身につけないと、努力しても、本当の実力が伸びず、自己満足で終わることが多いようです。

その成功のルールの一つに、必ず「書くこと」が入っています。

何かをやろうとしたら、そのことを夢から現実におろしてこなくてはいけません。現実との接点をつけられた夢を〈目標〉といってよいでしょう。

目標に対しては、そこに到達するまでの行動を組み立てなくてはいけません。これをプランニングといいます。プランニングは書くことでなされます。家を建てるのに、設計図を描かない人はいませんね。

夢であれ目標であれ、現実とのギャップがあるからこそ、そういった言葉で示されるのです。仮に今、使える金が五十万円あって、五十万円のバイクを買いたいというのなら、これは行動に過ぎません。夢は、書くことで現実の目標になるのです。目標達成には、深く考えることと、人に伝えることも必ず含まれてきます。その二つについても、書く力に入っています。

## ❼日本人は書く力を評価する

日本では、話すことより、書くことの方が大切だと感じたことが何回かあります。私は、日頃から日本人もスピーチ、プレゼンテーション、ディスカッション能力を高めるべきだと述べてきました。

国際的見地から言っても、しっかりとした声と言葉を用いて自分を表現することが、ますます重要になってきているのは、確かです。しかし、相変わらず会社などでは、しっかりした音声表現力で、はっきりとものを言いすぎる人は逆にやりにくい、というのが現実のようです。

異民族が混合して成立している社会では、言葉（音声）による自己主張は身を守る手段です。徹底して論理的に話すことが教育されます。しかし、日本人は音声表現力をむしろ、さけてきたのです。

どちらにせよ、国際化とは、自分の伝えたい内容を確実に伝え、相手の伝えたいことがわかり、その相違について検討できることです。

ですから、最初にやらなければならないことは、語学力やパフォーマンス力をつけるよりも、「自分は相手に何を伝えたいのか」をはっきりさせるトレーニングです。

それをいきなり、音声の文化の定着している欧米人のやり方を踏襲するよりも、今まで長くなじんできた書くことで行なう方が、たやすいと思うのは私だけでしょうか。

つい最近まで、日本では、筆まめであること、手習いとして字のうまいことが、その人の評価となっていました。この辺りのことからも、再び、書くということを、より深く考え、身につけていかなくてはいけない時期にきているのではないでしょうか。

第1章

# 「書く力」をつけて、できる人に変わる〈視点の確立〉

## ■書くことで自分が見えてくる

### ❶できる人は、書く力と問題意識・言葉のセンスがある

本を一冊書くということは、その一冊を買って読むことよりは、大変です。この二十年間で百冊以上、私は書いてきました。表向き、ほとんど関連のない分野もあるため、他の人から「よくそれだけ書けますね」と言われます。そういう人はきっと、私が何百冊分の知識をもっていると思っているのでしょう。

私は、ものごとに新しい価値を創り出しているだけで、その伝達手段として、書く力をいくらかもっているだけに過ぎません。書く内容をあらかじめもっているわけではないのです。

私は書いているときに、そこに出てくるもう一人の私と出会うことを楽しみにしています。私が書こうとすることに対し、もう一人の私は多くのアドバイスとヒント、そして書く内容をくれるのです。

書くという作業は、自分に埋没するようであって、同時に自分を離れ客観視していくことです。一人よがりでは、人に伝わる文章にはなりません。

書くことは、主観と客観がせめぎあい、今まで誰も（自分でさえも）見いだせなかった考えが生まれてくるような場所を、私に用意してくれるのです。

現に、文章教室に通わなくても、仕事のできる人や、自分の世界をつくり上げている人は、皆、〝書く力〟をもっています。いや、自分の言葉や文体をもっているとさえ言えます。どうしてでしょうか。

仕事や芸事がその人のものになってくると、そこに今までの概念にあてはまらぬ新しい言葉が生まれてきます。作家に限らず、画家、写真家、音楽家、発明家も、素晴らしい文章を残しているのが、その証拠です。

これは、ものごとを極めていくところから発する深い問題意識から、掴みとられた言葉の力なのです。言葉は、ものをどのように見るかという判断を強いるからです。この力をセンスと言ってもよいと思っています。

名経営者の多くは、まぎれもなく名コピーライターです。大統領も一流のスポーツ選手も、人の上に立つ人は皆、言葉のセンスがあります。そのセンスは、特に書くことによって磨かれ、発揮されるということでしょう。そこで、誰でも問題意識を鋭くしていけば、「仕事のできる人」になれるはずです。

仕事のできる人は皆、問題意識をもち、言葉のセンスが磨かれ、〝書く力〟があります。これは同時に、書くことは特殊なことやある分野での力ではなく、何かをつきつめてやっていこうとする人に身につく力、そして必要な力であることを意味しているのではないでしょうか。

## ❷自分の主張、意見は書きながらみえてくる

「よくそれだけ書く内容がありますね」との問いには、「内容は、言われてから考えるのです」と答えます。

大体どんなことでも、一〇〇パーセント、きちんと、最初からできあがっているものだと考えると、大変なことになります。あらかじめ考えられた答えは、そのときに適切かどうかはわかりません。そのままあてはめると、マニュアル人間のようなミスを犯しかねません。

どんなサクセスストーリーも、あとから書かれたからこそ、ドラマチックなものなのです。同様に、書き手の現場は、常に、前後不覚の錯乱状態なのです。

二十世紀の偉大な人類の一歩、人類を月面に計画通りに到着させたアポロ十一号でさえ、残り時間十七秒で、ルイアームストロング船長が、手動運転で着陸させ、管制塔の多くの人が、その中止を覚悟していたといいます。

一つの主張や意見とても、はじめから予定通りの結論にはまとめられないものです。それをまとめるには何度も書き直しつつ、自己検証を行なっていくしかありません。

私は、あることについて知りたいと思ったら、書き出してみるしかないと思っています。頭のなかでは、たくさんのことが思い浮かんでいるようでも、書いてみると意外に少ないものです。

書くことを経て初めて、書くに値する内容は集積され、選択されていくのです。書いているうちに、自分の考えがまとまってくるのです。

人前で三分間話すこと、原稿用紙で十枚書くことだって、慣れていない人には大変なことです。しかし、慣れてしまえば、本一冊書くことでも、人前で十時間話すことでも、何とかならないものではありません。一日に、原稿用紙三枚書いたら、一年に三、四冊の本の分量になります。

要は、トレーニングをやったかどうか、続けて書いたかどうかということだけなのです。

## ❸書くと問題の所在がわかる

たとえば、あるテーマで、レポート用紙五枚を書いてみるとします。ビジネスの場合、書くことは書くことで終わりません。書いて伝え、仕事とすることになりますから、必ず相手を想定することになります。

上司でも同僚の○○さんでもよいでしょう。相手と枚数と期限を決めると、何とか書けるものです。

問題は内容です。

書いたものは、誤字、脱字や文体、文章の構成よりも、まず、伝えたいものが何であるのかがはっきりしているかどうかを見ることです。わからなければ、プロの文章を分析してみるとよいでしょう。

『この頃は、文章の手本などと言われていた大新聞の社説・コラムなどは、参考になりません。状況の伝達だけで何も言っていないか、現実離れした建前をとりつくろっているものが少なくないからです。

何よりも、私には、私が読む対象として、呼びかけられていないように、かといって、誰に言いたいのかがどうもわからない、宙ぶらりんな感じがするからです。それに比べると、週刊誌の筆名のある記事の方がまだわかりやすく、働きかけてくるのです』

そこでよい書き手は、書きながら自分との「対話」とともに、読み手の反論を先に読み、封じていくスタイルをとっていることがわかるでしょう。

一つのテーマに対し、自分で筆を進めながら、考え、問題の方向性を絞り込み、一つの結論、意見にもち込んでいます。

そこで書き手は多くの発見をしつつ、同時に問題の解決をしています。「こういえば、ああいうだろうな」という想定上の問答をしながら進むのです。これは、将棋の読みにも似ています。

この私の文章『この頃は文章の手本などと言われていた大新聞の社説、コラムなどは……』では、私と私が想定した読者とのかけあいは次のような感じです。

**「この頃は……参考になりません」**

（なぜだ、よく文章の見本にしろといわれていたぞ。おかしいことを言うな。でも「この頃」といっているから、昔、聞いたときとは違うのかな）

**「状況の……が少ないからです」**

（そうかなあ、そうかもしれないけど、ちょっと断定しすぎじゃないか）

**「何よりも、……な感じがするからです」**

（まあ、この著者にとっては、そういうふうに思えているんだろうからな。今度から気をつけて読んでみよう）

**「週刊誌の……です」**

（うん、確かに新聞の社説は難しいけど、週刊誌はオレでもさっと一読してわかるしな。納得、納得）

つまり、ここまでのコミュニケーションを想定しているわけです。

悪い書き手なら、一行目の
「新聞の社説、コラムは……参考になりません」
「週刊誌の記事の方がよいです」
と進めてしまい、
（何言っているんだ。新聞より週刊誌の方がいい加減に決まっているだろう）という反感で、読む人に消化不良や不信をつのらせかねません。

だから、プロの目は恐いのです。文章の中に出てしまう自分の無意識の中にある、おごりや偏見などが見破られてしまうからです。しかしその前に自分で書いて、自分で気づくこともあるでしょう。これが一番、勉強になります。

プランニングでは、書き出すとうまくつながらないという、まさにその点が、プランすべきことです。文章も、書けないところが、自分でわかっていないところです。

私も多くの文章を書いてきました。自分のわからないことについては、筆が進まない上にひどく凡庸でギクシャクした文、何か事務書類のようで熱の伝わらない文章となります。それをみて、内容がわかっていないと判断し、再考することも多いのです。私は、企画が二十分で書けぬときは、破り捨てて、もう一度、現場にいきます。私にとって文章は、自分が本当にそのことについてわかっているのかどうかを試す、リトマス紙のようなものです。

よい文章を読むことも大切ですが、切り口の鋭い、はっきりした意見、異論を読むことはもっと大切です。そのときには、必ずその論拠を読む習慣をつけることをお勧めします。あなた自身が、論を組み立てるときに必ず役に立つはずです。

## ❹自己啓発は「書くこと」で実現していく

自己啓発とは、自分のアウトプットの能力を高める作業だと思うとよいのではないでしょうか。ここでいうアウトプットとは「自分が何を考えているのか、自分をどのように変革していきたいのかをはっきりさせて、打ち出すこと」です。

最初に、自分について知るために自分のことを書き出してみます。書き出されたものが、今の自分です。

それに対して、自分がこうなりたいという自分を書き出してみます。そのギャップを目標という形から捉えて、どう埋めていけばよいのかを考えていきます。

〈例〉

（１）自分のことについて

①対人コミュニケーション力の不足

②リーダーシップがとれない

③語学力がない

（２）こうありたい自分像

①多くの人に信頼されて相談をもちかけられる

②プレイングマネジャーとして活躍する

③英語が外国人との仕事で活かせる

（３）自分のすべきこと

①人の話をよく聞く

②職場の○○さんを見習ってみる

③英語学校へ週一回行く

この三つのテーマをさらに三つずつの要素で具体的に考えてみると、もっとはっきりするでしょう。

（1）①対人コミュニケーション力の不足について考えます。

①対人コミュニケーション力の不足
1　上司に仕事を任されていない
2　報告をよく忘れる
3　部下や同僚に言われたことにあいまいな対応しかしない（そのまま放っておくことも多い）。

このようにしてそれぞれ②③でも三つずつ、計九つ考えてみましょう。（2）で九つ、（3）で九つになります。それを並べてつなげたら簡単に二〇〇字くらいにはなるでしょう。

どんなに大きな目標でも細分化すると、小さなことの組み合わせです。

あなたが、この文章を読めるのも、小さい頃から努力して身につけた読み書き能力の賜物です。それも、充分に大きな能力なのです。しかも、すでにさまざまな経験を踏まえ、自分なりに意味づけて読み取れるようになっているでしょう。

まずは、自分の現在もっている読み書き能力を誇って欲しいのです。そこに内容が伴わないとしたら、まさに本末転倒でしょう。

書く力などというのは、ちょっとした応用に過ぎません。だからこそ、最も自己啓発に適切な手段であると言えるのです。

小説家やミステリー作家ではないのですから、気軽に取り組めばよいのです。もちろん、そうは言っても、常に自分の内面的世界を捉え、それを現実の仕事や生活の場に働きかけるレベルで活かすことです。レトリック術などと考えだすと、自己啓発のアウトプットから縁遠いものとなります。

自己を啓発するなら、自己を紙の上にのせ、そこにアウトプットしたいもの、そのためにインプットすべきことを書き込みます。

〈自己啓発のプランニング〉

（1）アウトプットしたいもの

（2）インプットすべきこと

（3）毎日の実行記録

〈例〉

（1）英会話力

（2）朝のラジオ英会話と『TIME』の一ページ（週二回英語スクール）

（3）朝のラジオ英会話二回聞く

『TIME』、P69の映画評二ページ読む。（単語調べ）

そして、毎日、実行した経過を記録していくことです。これ以上の確実な自己啓発があるでしょうか。

## ❺〝書く力〟がつくと、論理的に話す能力も高まる

書くことは、相手に確実に伝えるために試行錯誤するプロセスをもたらします。これが面倒だという人は少なくありません。しかし、しっかりとした話す力をもつ人は、話したことを書き写してみても、きちんとした文章になっているものです。

話すことで力をつけてきた人も多いと思いますが、書くことで伝えるためのプロセスを踏むと、より早く確実に論理を構成する能力がつきます。この能力があればこそ、話す力もよりブラッシュアップして発揮できるのです。

誰でも、新入社員の頃は、電話の受け答え一つ、面倒で恐かったはずです。一つひとつの言葉を書いてマニュアルをつくった人も多かったでしょう。それがあれば、スムーズに話せたという経験を味わった人なら、わかるでしょう。書いてあるものを読めばよいという安心感があればこそ、口がスムーズに動くのです。その小さな成功の積み重ねがいつの間にか自信となり、力となります。やがて、紙がなくても、うまく話せるようになります。

この場合は、スピーチ術よりも、草稿を書く作業のなかで、いろいろな勉強ができることが大きいです。推敲の繰り返しのなかで、内容が伴ってくるのです。

最初からどんなにつたなくとも、他人の文例ではなく、自分でつくるところに意味があります。結局、自分の味が出てこないと、相手の心を動かせないからです。

要は、こういう能力をつけるのに、労を惜しむなということです。何かを引き写したような、ありきたりの話を聞きたい人はいないでしょう。

書く経験によって、単に書くことが億劫にならないだけでなく、人の言うことや書いたことが、一段も二段も上のレベルで判断できるようになっていくのです。

その他、これまで述べたようなことで、書くことによって、企画力、判断力、思考力、洞察力、決断力、交渉力、発案力、問題解決力、その他、ほとんどの能力が高まることはいうまでもありません。

## ■ビジネスを決めるのは〝書く力〟だ

### ❶相手の心を捉える話は、自分で書いたもの

最近は、広告代理店の人を通さず、企業が直接私に仕事を頼んでくることが多くなりました。何度も仕事をした経験からいうと、彼らの使う言葉は、業界という特殊な世界でのマニュアル用語の転用に過ぎず、しかも彼ら自身もよくわからずに使っていたように思います。企画書にはカタカナ言葉が反乱し、それを「ソフトなマーケティング」などと勘違いしていたと言ってもよいでしょう。いや、企業が勘違いさせられていたのでしょう。

今、私がつきあっている企業は皆、〝書く力〟のある人を広報や人事のトップに据えています。結論から言うと、〝書く力〟があるとは、人の力を判断する能力があるということです。

そういうところの社長は、話で人の心の機微をうまく掴みます。そして、書く文章は、

実にわかりやすい。

先人の書いたものをたくさん読み、自分なりのビジネスのスタンスで取り入れてきたからでしょう。よく本を読む人が多く、それも深い読み方をします。

オーナー社長の多くは、自分で商品やサービスのコピー文案をつくったり、販売をやったりした経験をもっています。自分の思い入れを伝える独特の言葉を持っています。それは、広報の説明と違い、お客の心を打つのです。

一つの説明をするために、多くのものを見聞し、言葉を練り、たくさんの人に伝え、直しに直してきたのだというのが、文章から見えるのです。それがビジネス、商売の根底の力になっているのだと思います。

〝書く力〟がビジネスを決めます。

その第一の理由は、書くことが紛れもなく、本音の心の対話から磨かれ出てきているからです。「書かなくては伝わらない、伝えるためによりよく書く」、ここへの心意気こそが、目に見えない力となって、ビジネスを支えるのです。

## ❷ホウレンソウ（報告、連絡、相談）は書くことで行なう

仕事の基本は、〝ホウレンソウ〟（報告、連絡、相談）といわれます。それは、組織での仕事の基本です。しかし、〝ホウレンソウ〟はどちらかというと、話し言葉の方で使われています。私は、〝ホウレンソウ〟こそ、書いて行なうことを提唱したいのです。報告、連絡、相談だけではありません。指示、命令、伝達も書いて行なうことです。

話すのは、仕事そのものよりも、仕事を円滑に推進するためのコミュニケーションと割り切ってもよいくらいです。たとえば、ユーザーに対し、商品の取扱書や保証書を、話し言葉では与えません。

仕事は、必ず、状況の変化と時間の経過を伴います。これに耐えうるツールは、一瞬で消える話ではなく、後に残る文章であるからです。

話す方が早いという人がいますが、その早さというのも、怠慢さからきていることが少なくありません。

書くことでは、要点がはっきりと示されます。

まず相手よりも書いた本人がそこで理解、確認ができることです。

理解できていないときは、理解していないことがわかるため、そこで改められます。さらに同じものを見ることで、双方が同じ理解を得たことを確認できます。

そこで見解が異なれば、意見を交換すればよいのです。そして、言葉を適切に改めるのです。その言葉でよければ、双方が同じ理解を得られたということになります。

契約書のように、一字一句に含まれている意味が浮き上がります。それはとても大切なことです。お互いの解釈の違いを知り、合意をするのが、文章の力です。

最もわかりやすいのは、メールやFAXです。同じものがそのまま相手に届き、双方が同じものを持つからです。記録となるとともに、確認や修正が容易です。

仕事の問題点が何なのかは、頭の中で考えるよりも、書き出すと、はっきりします。大切なことは、問題点に関してのみ、考えることです。多くの人は、それ以外のことで頭と神経を使いすぎているのです。書くことは、これらをきちんと区分けすることになります。ストレス解消と、精神的安定のためにも効果てきめんです。

〈例〉

話 「二〇日の二時、会議だからな。顔そろえとけよ」

文章
1、期日 二月二〇日午後二時～四時
2、場所 第二会議室
3、テーマ
4、準備、持ってくるもの
5、参加者
6、連絡と出席確認
7、席次ほか

このようにすると、「昼食は？」とか、「プロジェクターなどは必要ないのか」など、話ではピンとこなかった問題が浮き上がってきます。

## ❸ビジネスは「一枚の紙」で動く

　私はこれまで多くの人に会って、いくつもの企画を出したり、受け取ったりしてきました。そこで、わかってきたことは、話はいつまでも話であり、誰かが書かなければ、実現しないということです。いや、現実に動かないもの、誰も乗る気のないものは、紙の上におちてきません。誰も、そこに紙をもち出さないからです。（この紙というのは、もちろんメールも含めます）

　そういうものについては、無責任に言いたいことが言えるから、頭の体操だと思っています。大体、相談に当たって紙一枚ももってこない人の多くは、頭の体操志願者なのです。

　ですから、私は先方がもち込む話で気乗りがしたら、プランニングしてメールか紙で渡します。私なりの理解の仕方と方向性を示すのです。これに相手が反応したら、ビジネスは成立します。

　企画に関しては、できるだけ早い時点で、私は書いて渡すようにしています。これが私のプレゼンテーションです。よく「仕事を取るのが大変」という人がいますが、仕事を取るために、何をどうするかを練ることも、企画なのです。

〝書く力〟でオリジナリティを出さなくては、仕事を頼んでもよいのかと相手が迷いかねません。〝書く力〟こそが、そのまま企画商品なのです。

打ち合わせたことも、こちらがまとめて、メールをしておきます。こちらから、確認を求めるのです。そこで、主導権を握ることができます。先方が〝書く力〟をもっていたら、大体、書き直してくるものです。ここで〝書く力〟の差が出ます。部分的な訂正しかしてこない人なら、こちらの思う通りに動きます。

先方がすぐれていたら、先方のペースにもっていかれます。誰でも自分に不利には書かないから、ビジネスは書いた人のペースになるということです。

そこで、自分に〝書く力〟がなければ、先方の連絡待ちとなります。〝書く力〟の使える人は少ないので、せっかくのビジネスチャンスも没してしまいます。

企画力とは、企画書をつくる力でなく、企画を通す力のことです。これを忘れてはいけません。辞令も、給与明細も、ビジネスの重要なことは、すべて書いたものでなされます。もっとも大切な日常の仕事、そのなかでも頭を使うことが、書くことでなされないのは、おかしなことでしょう。

〈例〉

話　「今度の役員会でゲストにスピーチの依頼をしておく」

文章　●希望日：　年　月　日：　～　時：

●タイトル（テーマ）「　」

●内容：

（特に中心とすること）

●場所：

●使用機器：　●諸費用：

## ❹目標、ノルマは書くことで実現する

セールスマンには、必ず売上げの目標数値があります。期限を決めて、行動します。これをノルマといいます。

会社の壁に大きな成績グラフが貼ってあります。これによって人並みはずれた力がつくのです。

私にも、この原稿用紙を埋めていくというノルマがあります。

皆、力がついてから、ノルマを達成しているのではありません。ノルマをこなすなかで力をつけているのです。

グラフをみて、今日はどこまでこなしたか、目標とのギャップを省みて、気力を出して明日も挑戦する。

そして、いつか〝やった〟という実感が得たくてやるのです。

ビジネスの場合もまた、やり続けていくことにより、力がついていきます。業界や会社といった狭い領域の一時をとれば、必ずしもすぐに勝てなくても、人生という大きな視野からみると、力がついて、それを発揮できて、敗けることはありません

どんな仕事でも、自分の人生計画を企て、その上で仕事をよりよく成し遂げるためにどうすればよいかを考えることです。そのために、〝書く力〟を使ってみてください。

すごい効果が期待できますよ。

〈例〉

年　月期：二月目標　契約：15年
契約済5件　交渉中10件　見込20件
新規5件（一月二十日現在）
［電話　件／日　　訪問　件／日］

## ❺仕事のできる人から仕事を書いて盗む

仕事のできる人というのは、ものごとの本質を的確に捉え、やるべきことをうまく組み立て、迅速に行動します。広く深くものごとを見るし、五感が鋭く人の心にも敏感です。こういう人は、その人の書いたものをみるとわかります。

自分の力をつける最高の方法は、身近な師をもつことです。その人の仕事のやり方をまねるところからスタートします。どこの社内にも、逸材はいます。

こういう人を見抜くときは、口だけが達者なお調子ものにあざむかれないことです。しっかりした眼をもち、耳を磨いている人は、決して話上手ではありません。言葉の大切さを知っている人は、口が重くならざるをえません。日本の社会では、控えめでしゃべらない人にＶＩＰは多いのです。比較的、地味にみえる人です。

しかし、一言にポイントをついたものがあるから、見る眼があればすぐわかります。たった一言というなかれ。どの世界も実力というのは、一言一文のなかに凝縮して表われているものです。

それを見抜く力と、それをタイミングよく発揮する力が、仕事を決めていきます。

## ■〝書く力〟は、誰でも簡単に身につく

### ❶誰もが書いてきた

それでは、身につけると実力となる〝書く力〟は、どのようにすると手に入るのでしょうか。実に簡単です。少なくとも日本人なら、もう皆、手に入れています。

ものごとは何事でも身につけるのに、三年はかかる、プロになるのに十年かかると言われますが、この能力に関しては、誰もが社会人になるまでに充分すぎる教育をされてきているのです。

もちろん、英会話と同じく、基礎教育期間のゆがみが、さしたる成果に結びついていないと言えるかもしれません。

しかし、書くことに関しては、面倒臭ささえ克服して習慣づければ、みるみる上達していきます。

要は、これまで私が述べたことを何度でも読んで、絶対にものにするという決心を固められるかどうかだけなのです。心から欲しなければ、本当には身にはつきません。

書くことを続けていくと、少しずつ、楽しめるようになります。何事も最初は苦労がつきものです。楽しくなるのは、それからです。

しかし、日本語の読み書きは、とっくに皆、卒業しているのです。後は、意識を持ちかえ、楽しんでやり続けさえすればよいのです。

日々の仕事だけでも相当、書いているはずでしょう。そこで今一歩、踏み込むだけなのです。

## ❷〝書く力〟は一人で鍛えることができる

話というのは、人前に立つ機会がないと、なかなか継続するのは大変です。それに対して、書くことは、独習できます。いや、独習が中心です。

書くことに関しては、毎日、それを意識して新聞や雑誌を読むだけでも少しずつ上達していきます。前述したように話す力も〝書く力〟をつけることで飛躍的に上達します。

〝書く力〟を実際にどのように上達させればよいかは、後章に述べます。

書くことは、一人で行なう作業です。ですから、一人でトレーニングに費やす時間をしっかりととることが大切になります。私も、しっかりしたものを書くときは、一人の居場所を求めます。

会社なら、他の人のいない時間、できたら、早朝をお勧めします。それと夜に眠る前に何分かを確保したいです。何も固定した時間でなくてもよいのです。

いつでもどこでも書けるのだ、と考えることが大切です。

〝書く力〟は、一人で鍛えることができますから、一人の時間をとることです。いや、一人の時間がもてたら、そこで、いつも何かしら書くことをお勧めしておきます。

誰でも一人になると、案外と書けるものです。

〈いつ書く時間をとるのか〉

起床後　朝食前　出勤前　通勤中

始業前　仕事のなかで　昼休み　休憩中

終業前　終業後　通勤中
帰宅後　週末　休日ほか

## ❸あらゆるものが手本となる

〝書く力〟には、ものの見方から、表現の仕方、伝達方法まで含むのです。ですから、世の中のありとあらゆるもの、まさに森羅万象が手本となります。

ビジネスや仕事に関する考え方にも、その人のもつすべてのものが反映されます。社是や会社の理念というのも、よく見てください。当面のところ、何でも書かれたものを見本とするのです。

書かれたものといっても、看板から、ちらし、メニュー、たくさんあります。新聞、雑誌、単行本など、身近なところに限りないでしょう。ネットでは、世界中の書かれたものにアクセスできます。

できるだけ奇抜な意見や、主張の入っているものに目を通すとよいでしょう。そんなわけないと思って読み出したら、納得させられたという文章がよいですね。あなた自身を納得させるのに、何がどのように使われているのかがわかりやすいからです。

それを要約し、自分の意見を出してみることです。書かれたものと紙上でディスカッションをしていくのです。そこから、コンセプトやものの見方を学ぶのです。

そのときに今までよりも一歩、踏み込んで、〝書く力〟を念頭におきます。それを学ぶために読むというスタンスをとります。

自分だったらどう書くのかという視点をもつことです。これによって、読み方が違ってきます。〝書く力〟のつく読み方になります。こうして、日常の生活のなかで自然に力をつけていくのです。

---

**意見**「小学校で英語などを教えなくてもよい」(藤原正彦『国家の品格』)

**一般論**「英語は早期学習が効果的」「これからはますます英語力の時代となる」

**ディスカッション**

「しかし小学生のときにはもっと優先すべきこともある」

「日本語と英語を同時に早期に教えると、弊害があるらしい」

「日本人としての誇りや自覚、文化、国語力を身につけること」
そこから、「国際化のための英語力というが、国語での思考力がなくてしっかりと英語が話せるのか」、「本当の国際化とは何か」
などと問題意識が広がっていきます。

## ❹書いたものを直すとグレードアップする

書かれたものは、どのように書かれたのかまでは説明してありません。多くの人は書いた文章のレベルでプロとアマチュアを判断します。しかし、そのレベルよりも、仕事では、書く速度の方が大切です。

人にわかってもらえない文章では論外ですが、私自身、練りに練って、文章を出したことは少ないものです。名文家になるための時間も努力も必要ありません。ビジネスに生かすなら、ビジネスの文章は、美文よりも伝えることが優先するからです。

ビジネスなら、要点だけの内容でも、ある程度うまくまとまっていた方がよいのです。ビジネスの場合は速度がものをいうときの方が多いからです。

ですから、小説家の文章読本よりも、実際のビジネス文章やビジネスマン向きに書かれた文章をまねることを優先すべきです。

同じ出来の文章なら、短い時間で出来た方がよいというのも、ビジネスだからです。小説家や学者なら、かけた時間は問われません。

ここでの〝書く力〟とは、速くわかりやすく〝書く力〟です。トレーニングとしては「どのように書くか」を練ってみましょう。最初は、上司の十倍の時間がかかってもかまいません。よい文章となったのなら、これは大きな自信となります。そこから、少しずつ、速く上げられるようにしていきましょう。

## ❺学ぶほどに、奥が深くなる、おもしろくなる

上達するためには、それを身につけたいとか、役に立てたいという願望だけでは、少し足りません。それが身になると、どんなによいのかというイメージと、自分でやってみて、おもしろいと感じることが大切です。

書くことというのは、おもしろさを与えてくれるものです。私がトレーニングをした人

の多くは、書くことがやみつきになってしまいました。
私としては、書くことに自家中毒になるのは避けて、〝書く力〟を仕事やコミュニケーション、生活に生かすことを目指して欲しいと思っています。マニアックにはまっていくのは感心しませんが、上達のプロセスは人それぞれですから、そういう段階があってもよいとは思います。いずれ、役立つのが〝書く力〟、それゆえ仕事にも人生にもプラスになる、というのを忘れないでください。

〝書く力〟は、そのまま自分の成長を表わしています。だからこそ、おもしろいのではないでしょうか。最初の頃に書いたものをみると、きっと気恥ずかしくなります。その分、上達した証拠です。

書く力には、年齢とともに衰えてはいかない前頭葉の働きが関わっています。むしろ、年月とともに、力が向上するともいえる、人間の持つ最高の能力の一つです。
そこから、人や仕事もとてもよくみえるようになります。

# 第2章

# 書く内容をどう掴むか〈自分の考えの構築法〉

## アウトプットの形を決めてとりかかる

### ❶書くことに慣れるには量をこなすことから

〝書く力〟をつけるためには、何よりも量をこなすことです。量をこなすなかでこそ見えてくるものがあります。それを得ないと、パワーがつきません。書こうとする気力を〝書く力〟に変換していきます。それを進めるには、よしあしのまえに量を出すことです。

量を出すためにはどうするか。何もかも書き表せばよいのです。すると、まず、書くことに対して、抵抗がなくなってきます。

何も考えず書き写してもよいです。クロスワードでも、塗り絵でもよいでしょう。ペンをもつ時間を少しでも長くし、そこから、書く量を少しでも多くし、書いた文字の数を少しでも多くするのです。

私も、長くペンをとらないと、腕が動きにくくなります。ペンが走らなくなると、思考も遅くなるのです。すると、書くことに、リハビリが必要となります。手先だけでなく頭の切れも悪くなってくるのです。だから、一日、何十字でもよいから、できるだけ書くようにしています。

書くことを習慣づけることが大切です。端的に言うと、一日四百字で三枚書くことを大変だ、嫌だと思うか、楽しい思考探索ができると考えるかの違いは大きいでしょう。後者の域に入れば、自然に〝書く力〟はついていきます。

日頃、ペンを握ったこともない人が、いきなり、論文を書こうとするから、真冬のプールに飛び込むようなことになるのです。ビジネスマンであれば、少なくとも、一日に何かしら書いているでしょう。それをほんの少し応用していくところから始めればよいのです。

書いたものがどうのこうのと面倒になるのは、それを人に見せようとするからです。最初はそのことを考えなければ、さして困難ではありません（でも、相手を想定した方が書きやすいのです）。あらゆる機会を捉え、今まで書かないで済ましてきたことを、書くことから始めてみましょう。

一日、一万歩ではありませんが、一日一万字（四百字で二十五枚）書くと、私の考えるところでは、プロの量となります。ビジネスマンなら、その十分の一くらい、一日にしておよそ一、二枚のノルマとしてこなしていくとよいでしょう。

スピードや量を出すためには、あまり、うまい字、美しく丁寧な字、大きな字にこだわらないことです。自分が読めたらよいのです。スピードがある程度速くないと、一文書いたり写したりするのにもめんどうになるからです（ここでは、ペンで説明していますが、もちろん、パソコンやスマホでかまいません）。

## ❷アウトプットを決めよう

なぜアウトプット（打ち出し方）を決めてとりかかるのかということは、アウトプットが決まらないと書くことも決められないからです。どんなエッセイであっても、つれづれに綴っているのではありません。人が読んで、うなづくようなものはすべて、読む人に向けたメッセージとして書かれているのです。

多くの人は、書く内容がないから書けないといいます。それも一理あります。

しかし、書く内容があっても書けないのです。書くことは考えることであり、考えて書く力が必要だからです。

**この文章を書く「目的」とは**

**誰　に** ●●●● 本書の読者の皆さん

**何　を** ●●●● 〝書く〟力の大切さとその方法を

**何のために** ●●●● 「(あなたに)文章力を仕事に活かせるようにしてもらう」ため

厳しくいうと、書いても、そこに何ら相手に伝わるものがなければ書いたとはいえません。ですから、書く力が必要なのです。

〝書く力〟とは、伝える相手と様式を決めたところに、どのくらいの内容を取り出し、提示していけるかという技術です。

おもしろくもなく、ためにもならない文章の大半は、吸収した知識の切り売りで、内容として新しい発想を加えて構成されていないからです。

むしろ内容がなくとも、アウトプットと〝書く力〟があれば内容は出てくる、と思うことです。

〝書く力〟が伴わなければ、アウトプットを決めるだけでもよいから実行すべきです。少なくとも内容だけがだまってその人の頭の中に蓄積していくことはないからです。

**「どんな仕事を選んだらよいか」ということを書くとします。**

1、好きな仕事　2、安定した仕事　3、楽しい仕事　4、稼げる仕事

などが思い浮かんできますね。

しかし、そこからペンは進まなくなります。

これを「私は文章を書くのが好きなので作家という仕事を選んだらよいと思います」と仮に私が先を書き進めたらどうでしょう。

私が自分のことを考える文章にはなっても、あなたはおきざりにされます。つまり、これでは、小中高校生の作文となってしまうのです。

「どんな仕事を選んだらよいか」の打ち出しは（相手が）ということになりますから、相手がわからないと書けません。あなたが書くときも、相手が大学生か転職希望者か、定年退職した人かで、全く違うでしょう。男女でも年齢など属性でも違ってきます。その上

で、1～4が出てくるのです。もちろん、わからないときはそれぞれについて書けばよいのです。

**大学生に「好きな仕事を選ぶとよい」という打ち出しをすることに決めます。**

それであれば、大学生の心中を察します。たぶん、「好きな仕事をしたい」と思っている人（A）が大半でしょうから、それだけ言っても仕方ないということ、それと、好きな仕事がわからない人（B）もいるから、そのまま先に進めては、読む人によっては、おいてきぼりをくらわせてしまうという問題が生じてきます。

そう考えたら、「好きな仕事をした方がいいのは、好きだから」などということで、筆が止まって書くことがなくなるというような心配はなくなるでしょう。

たとえば、「好きな仕事を選んだらよい」ということでは、

**（A）「好きな仕事をしたい」と思っている人に対しては、**

●好きな仕事がある、しかし必ずしも好きな仕事につけない場合（A－1）歌手やパイロットなどなら結構難しいですね。

●好きな仕事はあるけど、それでは回りが反対する場合（A－2）
●それでは食べられない、生活できない場合（A－3）
●もっと安定した仕事や親の跡継ぎなどがある場合（A－4）
などが想定できます。

**（B）「好きな仕事がわからない」と思っている人に対しては、好きな仕事とはどういうことをいうのか**

●好きに似たもの、おもしろいと思う仕事はないか（B－1）
●あるいは絶対にやりたくないこと、嫌いなことはないか（B－2）
から絞り込んでいく方向もあります。

などということを考えていくと、いったい「好きな仕事」とはどういう定義なのだということに思い至るわけです。

**つまり、仕事とは、その人にとって何なのか、となります。考えてみましょう。**

仕事とは、
①生計を立てるもの

③パートナーもしくは人間関係の元

②生きがい

すると、「好きなことを選んで、生計が立たなければ仕事と言えるのか」とか、「仕事で好きって言えるものがあるのか」、「どんな人も働くため嫌なことをやっているから、お金をもらうのではないか」「一番好きなことを仕事として生きている人ってどのくらいいるのか」なんて、混沌状態に入るわけです。

どんな問題も神様ではないのですから、即答できません。しかし、これが、もし仕事であれば、制限時間内にまとめなくてはなりません。〝書く力〟の一つとして、ともかくもまとめあげる力が必要なのです。

私がよく使うのは、「好きな仕事でなく、仕事のなかに好きを見つけること」、あるいは「好きでないことでも、大嫌いでなければ、それなりにその人に合っている」などという主旨です。

「好きな会社とか好きな職を選ぶのでなく、仕事を人のために役立つことをやる。そこで自分がどういうふうに人に役立つのか、好きなのかを考えてみなさい」と。

これは、どんな仕事を選んだらよいかの「仕事」の定義を変えていますから、正答ではありません。しかし、少なくとも読者は、その答えに、弁護士とか先生という具体的な職名や会社名を期待しているわけではありません。

ですから、「どこかを自分がとても好きになれるところのある仕事を選びましょう」あたりは無難なまとめあげ方となるのです。

これを二〇字で述べたり二〇枚で述べるのが、〝書く力〟というわけです。

## ❸知識と書くことは、直接の関係はない

知識だけでは、よいアウトプットはできません。それは、知識というのは、何らかの条件下におかれたときにしか通用しないものだからです。純粋な論理を組み立ててみても、現実には、おもしろくも何ともありません。論理的に書くと、味もそっけもなくなるからです。

知識とは古典と同じく過去のものなのです。といっても、定まったものではありませ

ん。過去も古典も、その価値を決めるのは現在の自分です。知識が限定されてしか使えないことを知ることを、ソクラテスは〝無知の知〟と言いました。古典は〝普遍的真理〟などと言うのは、とんでもありません。もしそうであれば、もはやそこから書くことも考えることも必要ないでしょう。それは、誰にとってもあたりまえのこととなっていて、今さら、書く材料にならないからです。

知識がある条件下でしか通用しないというのは、歴史の解釈にも似ています。真理や事実は存在していても、書かれたことで、ある条件下におかれるのです。このことを知ると、書くこととは、現在を読み込み、たえず間違いをおかしていくことだとさえ言えます。そこまで、割り切ってしまうと楽になるでしょう。絶対に正しいこと、間違いのないことだけを書こうというのは、すでに間違っているのです。

たとえば、先の例では、知識としては、大学生の意識調査の統計、過去三十年分、各国の大学生の同じような統計をあげてくれればよいでしょう。もしその大学名や所在地がわかるならもっと解答を絞り込めます。

先輩の就職先、その離職率とか転職後三年目のアンケートなどあれば、とても具体的なアドバイスができます。

しかし、その反面、それにとらわれて、先ほどのような本質論になりにくく、過去の考え方にこれからの若い人を押し込めることになりかねません。

〝三十年〟一昔ならともかく、今最高の業界や会社や職についても、定年どころか、十年、二十年でつぶれかねないのですから、私の答えもこういう論調で展開すれば知識をふまえた論よりも生きてきます。

「よりよい転職がいつでもできる仕事に」なんていうのも、一説、打てそうですね。

## ❹基本は6W2H

ならば、その条件の方を先につくってしまえというのが、アウトプット先行の考え方です。何事であれ、限定すると、書けるのです。そこから〝書く力〟がつきます。

その条件の一つは、〝今〟ということです。知識は、そのままでは〝今〟ではありません。〝今〟にもってこなくていけないのです。

さらに、相手が誰かです。そして手段を絞り込むことです。これが内容を組み立てる骨子となります。アウトプットの6W2Hということです。

この6W2Hは、よく5W1Hといわれていますが、どちらでもかまいません。これこそが内容を、〝限定〟するための方法なのです。

たとえば、この本を書くことの条件、アウトプットの6W2Hは次のようなものです。

When……………今月中に
Where…………どこでもよい（書けるところで）
Who……………私（福島）が
Whom…………ビジネスマンを中心に
What……………書く力について
Why……………頼まれて（メッセージを伝えたくて）
How……………ビジネス書で　書店で買って読んでもらう
How much………四百字詰×二五〇枚

もう少し一般的にいうのなら、書くことについてのアウトプットの6W2Hとは、次のようになります。

| | | |
|---|---|---|
| When | 期限 | いついつまでに |
| Where | 場所 | どこで（会社のデスク、自宅の書斎） |
| Who | 自分 | 誰が |
| Whom | 対象 | 誰に向かって |
| What | テーマ | 何について |
| Why | 理由・意図 | どうして伝えてどうしたいのか |
| How | 手段 | どのように |
| | | 形式、様式、媒体（メモ、レポート？）文体 |
| How much | 量 | どのくらい　字数（枚数） |

書くことは時間を必要とします。少なくとも期限までに書く場所を確保して、必要な字数を埋めなくてはいけません（Ｗｈｅｎ、Ｗｈｅｒｅ、Ｈｏｗ ｍｕｃｈ）。

他人に頼めなければ、自分が書く（Ｗｈｏ）。

どのように（Ｈｏｗ）というのは、少々複雑です。先に決まるときもあれば、残りの三条件に関連して選ぶときもあります。

その三条件とは、いったい誰をどうしたくて、何を書くのかということです（Ｗｈｏｍ、Ｗｈｙ、Ｗｈａｔ）。表現し伝えるということです。

表現する目的は、相手を動かすためです。行動させるときもあれば、心を動かすときもあります。

このＷｈｙが定まっていないと、主張のない文章になりがちです。

さらに、どのように（Ｈｏｗ）には、媒体（メディア）や形式、そして文体にまで関係します。

| 相手 | 媒体 | 形式 | 文体 |
|---|---|---|---|
| 取引先 | FAX | 無地A4で二枚 | です、ます調 |
| 母 | 手紙 | 縦書き | ほのぼのと報告 |
| 上司 | 書面 | 横二十七行 | 固く伝文調 |
| 部下（若者向） | 原稿用紙 | 20字×20行 | 若者に呼びかけ調 |

こういうことがすごく面倒に思った人は、とにかく「誰に」だけでも決めてください。すると、何かしら言いたいこと、つまり、「何を書くのか」が出てくるものです。


---

先ほどの例では、具体的に一人の大学生を想定すればよいのです。

近所の○○に住んでいる○○大学の法科の三年生。

すると、「司法試験か、つぶしのきく会社か」、司法試験の人には「好きな仕事を、というのは本当に好きなのか。試験後、どうなったら好きなのか」など、かなり絞って述べられます。あなたが親とか先生、あるいは親友のつもりになって考えてみればよいのです。

どうしたいのかは、

「安定した大会社に勤めて欲しい」

「家業を継いで欲しい」

「本当にやりたい仕事に就いたのに、いろいろ経験できるところへ」

「最初は、大きなところにいって、そこから転職できれば……」

「オーナー社長のところで叩き上げを」

「政治家のカバンもちを」

など、いろいろと考えられるのではないでしょうか。


---

相手に、どういう「目的」をもって文章を書くかによっても、かなり違ってくるものです。

「目的」として、
**1、情報を与える　2、考え方を伝える　3、迷いを吹っ切らせる　4、自分でもっと深く考えさせる**　などがありそうです。

## ❺「いつ、どこで、何を、誰に、どう」をセッティングしよう

書くまえに、書くためのセッティングをすることをお勧めします。「いつ」、「どこで」（Ｗｈｅｎ、Ｗｈｅｒｅ）書くのかを先に決めます。その時間、その場所を書くために当てるのです。そして、自分のスケジュールのなかに組み込みます。で、書き出してみると、まあ、自分の考えや内容が出てくるものです。

そこでおのずと、「何を」、「誰に」、「どう」（Ｗｈａｔ、Ｗｈｏｍ、Ｈｏｗ）伝えるかが決まってきます。

よく、「誰に」を決めないで、こつこつと書いている人がいますが、ビジネスでの書く力は、そのまま伝える力です。誰に伝えるかによって、文体、内容、構成、主張、意見、分量、使用時間、完成度まで変わるのです。この点は、常にはっきりさせましょう。

話すときには、あなたは相手により、表現をいろいろと使いわけているでしょう。書くときも同じです。見えぬ相手に対して、書き連ねるラブレターほど使えぬものはありません。

明確に相手が思い浮かばなければ、友人でも、あこがれのスターでも、誰でもよいのです。相手をセッティングして書くトレーニングを積むことです。

原稿用紙から始めるのもよいですが、私は手帳のメモを一日、四枚、埋めることからお勧めしています（P122参照）。

まとまった文章にならなくてもよいのです。気づいたこと、言いたいこと、意見、情報、伝聞、なんでもペンで紙に書きつけることを習慣化することからスタートしましょう。

通勤の行き帰りとか、夕食前とか、毎日のローテーション内に時間をとるとよいでしょう。

できたら、楽しいことをする前におきます。書くということは、知力、体力とも使います。できれば、自分の頭のベストの状態のとき（必ずしもそれが書きやすいときではないのですが）を優先的に割り振っていきたいものです。

## ❻書くポイントは媒体によって異なる

次に媒体別に、簡単にその書き方のポイントを紹介します。

### 〈１〉メモ

自由自在、簡潔に。
聞いたことと自分の意見を区別して書くことがポイントです。
いつでもどこでもメモできるようにしておきましょう（メモとペンをもっておくことです）。

〈2〉手紙
ビジネスレターでは、基本的なことは押さえた上で、少しでも創意工夫を凝らし、あなたの人柄が少しでもにじみ出てくれば、印象深くなります。
相手のゴミ箱に直行しない工夫をしましょう。

〈3〉一筆箋
必要最小限のことを丁寧にしたためましょう。
字数が少なくて済むので、筆不精の方はここからスタートするとよいでしょう。

〈4〉葉書

大した内容がなくとも、いろいろとフォローできるので、貴重なメディアです。絵葉書も喜ばれるでしょう。

**〈5〉レポート、報告書**

内容（メモしたこと）をわかりやすく並べ、最後にワンコメント入れておきましょう。事実や報告事項と意見とはしっかり分けておくことです。箇条書きから、言葉を補い、文章化するとよいでしょう。

**〈6〉小論文（原稿用紙で二〜三枚）**

思っていること、意見を論理的に展開させたものです。一つの意見、主張が一貫していること、そのことに絞られて述べられていることに気をつけましょう。言いたいことは、一行で締めくくりましょう。

**〈7〉論文（原稿用紙で十枚〜）**

テーマ、内容意識、素材、取り上げ方、展開方法、主張、意見、そして結論にオリジナリティのあるものです。

文献を調べて、自論の位置づけをはっきりとさせなくては、オリジナリティの主張はできません。誰でも似たことを言うからです。そのために、ある程度の量が必要となります。

オリジナリティというのは、深い思索の上で一瞬に得られることが多いのです。考えることによる発明です。しかし、書いて伝え、納得させるために、けっこうな量が必要となります。

普遍的真理なら、全人類を納得させなくてはいけません。リンゴが木から落ちて、引力に気づいたのはニュートンだけではないのです。地球が引っぱっていると考えた人もたくさんいたに違いありません。

しかしニュートンはその書、『プリンキア』を長年かけて書きあげ発表したからこそ、その発見者という名誉を冠されたのです。考えたり、言ったりするだけではなく、書かなくてはいけないというのは、この例一つでも明らかでしょう。

## 〈8〉議事録、報告書

一番上の一枚に結論、そしてその詳細を下に四～五枚つけて出すことが基本の形式です。上の一枚が結論、下の四～五枚がそこまでのプロセスともいえます。

上の一枚しか見なくても、全てわかるように書くべきでしょう。下の四、五枚というのは、わからないときにみるためと思ってください。実際に、期間が経って、忘れがちなプロセスを知るために必要なのです。

私はいかなるビジネスにおいても責任を明確にすることが必要であり、プロセスとは、責任のあり方を述べる部分だと思っています。それゆえ、プロセスを書き残すことは、大切なのです。もちろん、全てをオープンにする必要はありません。提出するのは必要最小限に、絞り込むことです。

---

**PS.** 「結論だけでよい」と言っても、失敗したときの責任は、プロセスの分析にかかってきます。直観でＧｏして失敗したというのでは、許されません。

これを書く力がなくては、責任をもてぬという一例にして欲しいのです。

失敗したときに、どこに問題があったのかがわかることまで考えて仕上げておくとよいものができます。

書いたものは、証拠として残しておきましょう。

## ■アイデア、情報を仕込む

### ❶アウトプットが決まると情報が集まる

「何か伝えたいこと、言いたいことがあったら、書くように」といって、すぐ書けるくらいなら、この本は必要ないでしょう。

書くことによって、伝えたいこと、言いたいことをひねり出せということです。

多くの人が次のようなつながりで考えています。

勉強する↓勉強したことをまとめる↓自分の考えを深める↓それを書く↓誰かに見せる↓伝えてもらい、広まる、と思っているわけです。

これでは、ものをつくれば売れるという図式と同じです。世界一の論文であっても、誰にも伝わらなくては無意味でしょう。

客を引っぱってきて、欲しいものを聞いて、つくる方が間違いありません。できたら、すぐに買ってくれるからです。時代は、オーダーメイドを求めているのです。

まず誰に言うかを決め、メディア、伝える手段を考え、組み立てていきます。その過程で自分の考えを深め、そのために勉強するのです。

表現の場があると〝書く力〟は、飛躍的に伸びます。日々、考えること、問題意識をもつことを強いられるからです。こういう状況で、〝書く力〟を伸ばした人を私はたくさん知っています。

誰に何か言う必要のある人は、表現力をつけるための最も大切なものを持っていると言ってもよいでしょう。（ホームページやブログは、それを一般の人に可能にした点で、画期的といえます。今や、誰もが書く力を得て表現していく時代になっているのです）

技術者のなかには、マニュアル作成がへたで、文章教室に通っている人もいるといいます。これだけでは、実りは少ないでしょう。マニュアルがへたというのは、使う人の立場から見ていないだけだからです。

テーマも内容も目的もすべてあるのに、肝心のユーザーとの対話不足なのですから、それを意識することが第一です。

もっと早いのは、ユーザーを目の前に連れてきて、説明する経験を積んでみればよいのです。質疑応答をとり、繰り返して書き残すと、何よりも使いやすいマニュアルができます。

アウトプットの形として、自分が読みやすいと思うマニュアルの形をそのまま借りるのも一手です。そこにはめていくのです。

---

**〈マニュアルづくり（FAQ〈Frequency Answer Question〉式）〉**

相手の質問をQとして、そこに答え（話）を書く。さらにそれを一般的に通用する形（文章）にします。

**Q「いらっしゃいませ」がうまく言えません。**

A「いらっしゃいませ」とゆっくりと言いましょう。前もって言っておきましょう。お客さんにかけるタイミングも、考えてみてください。

**Q うまく言葉がかけられない。**

A よく使う言葉は、毎朝、練習しましょう。（　月　日から、一日三回三分間ずつ）、

「お早うございます」

「いらっしゃいませ」
「ありがとうございました」
「すみません（でした）」
「失礼（いた）します」

お客さんに言葉をかけるタイミングには気をつけましょう。目をみてから、声をかけましょう。

---

アウトプットということについても少し補足しておきます。

たとえば、私は、この本で〝書く力〟というテーマをアウトプットしようとしています。本一冊分の内容があったかどうかは、できてからしかわかりません。無責任というなかれ、それでよいのです。

---

私はアウトプットを次のように決めて進めました。

●原稿用紙で二五〇枚

●埋めていくのに、一日二十枚弱で、二週間は、かかります。
●まず二週間の期間で二五〇枚で、論を展開するという場を設定したのです。
●今日が十月十日なら、できあがるのが、十月の末くらい
●私のなかでは、十月末の本の形が少しずつみえてきます。
●そこで、「目次」ができました。

私のなかでは、どんな主旨であれ、自分の掴んでいるものをつめこんで、アウトプットすればよいのですから、書けないということはありません。
読者を引っぱってきてくれるのは、編集者の方（正しくは、出版社の営業部や本屋さん）がやってくれます。あまり、そちらに肩入れすると自分のものが薄まるから気をつけなくてはいけません。ビジネス書とは、よく言ったもので、当然のことながら、客あってのビジネスなのだと思うのは、私ばかりではないでしょう。

未来のアウトプットの量を一定内に定めます。だから、この冒険はいつも未来志向型になるのです。未来の一点に、今の作業をつみ重ねて届かせようということです。距離が決

まっていれば埋めていきやすいものです。

逆に、ただ、つみ重ねていくだけの作業をやっていては、先は開けてきません。過去のものを積み重ね直すだけで、一人の人間の一生は終わってしまいます。

とにかく、アウトプットを決めたときから、私の接する情報や考えることが、〝書く力〟というコンセプトから切り込まれてきます。

考えるという冒険はそこから始まるのです。

## ❷ジャンル別ではなく、テーマ別にアンテナをめぐらせよ

先に〝今〟という視点から切ると述べました。〝今〟〝ここに〟いるのは私だけです。だから新しく自分が思うままにテーマを切っていかれます。それでよいのです。あなたも自分でやることです。

コレクターであれば、ジャンル別にタイトルをつけた箱を用意して、そこに材料を分類しつつ、放り込んでいけばよいでしょう。しかし、箱のインデックス、これは、決めてしまうと動かせません。

図書館の分類、産業の分類も昔に決められたままです。その方が便利なこともありま

す。フォーマットを決めたら、書き込みやすいし、使いやすいのです。ものを集めたり、処理するために、インデックスを固定します。すると、共同で利用するときも便利です。

人間も〝ああいう人だ、こういう人だ〟と決めつけると接しやすいものです。特に日本人は、人にラベルをつけないと、つきあうにも遠まきにみるにも安心できないようですが……。

ラベルづけという方法も、知識の一つです。しかし、これはある条件下では正しいが、他の条件下では、間違うことがあるということです。時代の変化に追いつかないことも出てきます。

さて、先に、アウトプットを決めると、情報が集まってくると書きました。この情報のテーマに集まってきたものです。テーマというとわかりにくいなら、コンセプトと言っておきます。

書くことについて、図書館に行って類書を調べるとしたら、ジャンル分類によってです。これは、相当、時間がかかります。この本のテーマに関してだけでも、この本の数十倍どころか、数百倍以上の分量が集まりますから、集めてからも大変です。

ところが、テーマやコンセプトということなら簡単です。毎日の生活から、〝書く力〟というフィルターで切り取ってくればよいのです。そのやり方は、後述しますが、一週間もすれば問題意識が内容を連れてくるといえるくらい、身近なところで大半の材料がそろうでしょう。

ビジネス書の場合は、一冊の量がおよそ決まっています。おもしろくない本は、この分量を満たすため、やたらと話を伸ばしています。いらぬもの、テーマと関係ないものまでつめこんでいます。それでは、〝水増しのウィスキー〟です。著者の冒険は、ごく一部でしかなされていません。少ない材料しか集まらないときや、たくさんの材料を抜き書きしていくだけだとそうなります。

ところが、テーマやコンセプトがあると、いくらでも切り込んでいけるのです。私のファイルは、アウトプットしていくことに基づくテーマ別です。今というものに対して書いていくならば、書きたいこと、言いたいことのために全ての情報を活用していくべきだからです。

ですから、一回使った情報は、できる限り使いません。すると、次々と新しい情報が入ってきます。

こういう書き方をしていると、ものをみるときにも、そうなってきます。問題意識をもたないと何もつかめないというのは、こういうことです。これを世の中に問題意識のアンテナをめぐらすといってもよいでしょう。

## ❸五感を使って情報に気づき、メモせよ

このアンテナにひっかかったものは、ただちにメモすることです。そこでこの情報やアイデアはすごいとか、〝やった〟とか判断ができるには、少々の経験がいります。しかし大切なのは、ピンときたことをメモして紙の上の現実におとすことです。

これだけの情報に満ち溢れた世の中です。その気になれば、どんな情報でも入ってきます。それをそのまま使える情報と思っても仕方ありません。

アメリカの空気、中国の空気、日本の空気、どこで吸っても違うけど、それで生きている分には同じです。誰もが吸えるから、生きていく上に絶対に必要なのに、どんなに遠くから空気を運んでも価値を生じません。

それとともに、今、日本にいて同時にアメリカの空気は吸えません。世の中にある情報

などというのは、これと同じく無限で、それを全て集めることなどはできないのです。そう考えると、多くのものから何かを出すよりも、より少ないことから多くのことに気づき、何かを出していくことが大切なことだとわかるでしょう。

そうしたら、頭をそういう働き方にすることです。

情報を五感で捉えろとはよく言われることです。五感というのは、視・聴・臭・味・触覚です。それを使って自分の身のまわりの空気から、世界の空気を読めということです。人の情報をうのみに、そのまま口に出すステレオタイプではだめです。

人と同じことを言うなら、言う必要もないというくらいに思っておくとよいでしょう。「情報誌で〝うまいソバ〟と書かれている」から、「その店はソバがうまい」というのではだめです。

「その店に入って、その情報に抵抗してまで、本当に自分の味覚で判断できるかどうか」が大切なのです。

その判断も体調や腹の好き具合で変わるかもしれません。しかし、そのとき、自分はうまかったかどうか、そこからでよいのです。

ですから、情報は、日付と自分の名前をつけて記録し、発信することが大切なのです。

**Q 最近、見た目にこだわる人が増えているように思えます。その現象と分析をしてみましょう。**（四〇〇字）

こういう設問については、まず対象を切ります。高校生、大学生、二十代、三十代、四十代……、男性・女性。

仮に「五十代の男性」としてみます。

次に見た目とは何なのかを論じます。

単純には、何が以前の世代と異なったのか（行く場所、時間の過し方、ファッション、趣味）。

それはどうしてなのか（いつ生まれてどんな生き方をした世代なのか）。

すると、年表や世相などの資料などもあると便利ですね。

でも身近なところでその世代の人の話を聞くのが早いでしょう。

あるいは誰か著名人の半生記などを読んでも、大まかにはわかります。

## ❹情報はすべて操作されていると知れ

これまで述べた通り、〝正しい〟情報などはありません。書いたり、話されたりするところで、必ずフィルターがかかります。言葉で表わす以上、必ずそうなります。言葉とはそういうものです。

自然の中で山と野に区別はありません。言葉がそれにラベルを貼り、認識しやすいようにした結果、区別が生じるのです。ですから、使っている言葉そのものが、その人のものの見方となります。

映像も同じです。ＴＶを通じて知るとき、すでにレンズが対象を選択し、シーンを限定しています。伝えたいこと、言いたいことのために、編集でさらにフィルターをかけ、強調しているのです。

つまり、情報は、必ず、誰かが表現し、同時に操作しています。何のためにと言えば、誰かを、何かを動かしたいからです。だから、出典、引用、メディア名をつけなくては、意味がありません。それを知った上で受けとるべきなのです。

著者のプロフィールというのも、そのフィルターを読む手立てです。

〝書く力〟というのも、言葉を操作する力なのですから、情報の捉え方と、二重のフィルターがかかっていることを知っておくとよいでしょう。

こういうことを言うのは、情報は操作されているから何を捉えても無駄だということではありません。むしろ、誰でも書けるし、書く力がもてるということです。

書くための資格はいりません。

むしろ、資格のない人だからこそ、誰も想いつかなかった発言や文章を書いて欲しいのです。

今と闘うため、冒険するためには情報は不可欠です。ただ、それを字づらで捉えないこと、できる限り操作されているという前提でとらえよ、ということです。ときに、この操作やフィルターをなるべくはずしてみることも大切なことです。書いたものが説得力をもつのに、バランス感覚は不可欠だからです。（P71の「好きな仕事」の例を参照）

たとえば、同じことについて論争している全く異なる立場の意見や、外国の報道から学びます。すると、フィルターのかかり方がわかってきます。

少し続けてやっていくと、いかに、もっともらしく報道されたこととか書かれたもののなかに、かなりいい加減なものがたくさんあるのがわかるでしょう。それをそのように思わせず、世を動かしているのが〝書く力〟です。当然のことながら使い方次第で危険なものにもなります。

一番大切なのは、情報を深く読むことです。これは、最初は深く読んでいる人の書いたものと、自分の読み方とを比べるところから始めるとよいのです。オピニオンリーダーは、必ずそのフィルターをうまくはずし、自分のフィルターにつけ代えています。これが〝伝える力〟のレベルとなります。

ビジネスで行き交う情報などは、利害が関わり、それを扱う人の立場もさまざまですから、必ず操作されていると思って間違いありません。

書くということは、それをある一人の視野から固定化することです。自分のフィルターをかけ、自分の息吹きを充満させることでもあります。

## ❺「事実」と「意見」を分けよ

情報を深く読むには、まず、事実だけをきちんと捉えることです。先に報告書の書き方（P85参照）では、「事実」と「意見」とを分けるように述べました。これを、一緒にして、混同している人が少なくありません。「きれいな」とか「大きな」とか形容詞は省き、数値におきかえることです。

話のなかでは、言い方一つで、さらに間違いが起きやすくなります。書くと、その分正確になるし、チェックも入ります。もちろん、書くことは、間違えにくいからこそ、信用があるのに、そこで間違って書いてしまうと大変なことになります。

たとえば、ここであなたも、「最近、気になること」について書いてみてください。一二〇〇字くらいとしましょう。なかには、途方にくれる人もいるでしょう。「気になることはあるけど、一二〇〇字も必要ないし、書けない」と思いましたか。

ここが、小説やエッセイと、ビジネス文章のもっとも違うところです。もちろん、アーティスティックにする必要など、ありません（楽曲や絵、高級ワインの味の報告など）。

私もいろいろな取材を受け、紙面に載せられてきました。その載ったものを見て唖然としたことが何度もあります。

氏名や社名のミス、日時、数字のミス、プライバシーのために、網（ぼかし）をかけるといったはずのメモの中身が見えていたり、ダイジェストによる主旨の取り違えなど、ひどいときは、引用した文献や氏名の誤植もありました（勝手な判断でカットされたことも）。「〜と○○から聞いた（〜に載っている）」と言ったのが、「〜と考えた」と私の意見になっていることもありました。

私が取材する立場のときは必ず、載せる前に本人に事実を確認してもらいます。もちろん、そのことによって、先方が伝えたくないことが入っても、判断はこちらがするという条件です。取材は、広告宣伝ではないのですから当然です。

つまり、事実は裏をとり、きちんと出す、先方の訂正が正しいのなら、改めなくてはいけません。ただし、自分の意見や見解は曲げません。事実に基づく先方のアドバイスによって、必要と思えば配慮することもあります（第三者に迷惑のかかる可能性があるときなど、差別表現や著作権）。

## ❻余計なことは、頭でなくメモにおとしておけ

メモは備忘録として使われています。それは頭を小さな記憶のことにわずらわせず、創造的に働かすためにです。気になることがあっても、それを断ち切って、ものを考えるために頭をベストの状況に保つのです。そのためにメモします。

メモすることで煩悩や妄想を断つのです。メモによって、行き詰まった問題からも、先の開けぬ時間からも、頭を切り替え、身を移すことができます。

頭をベストに保つとは、前向きに楽観的に考えていくことです。

本当に大切なことは、覚えているものです。ちょっと気にかかることが、考えるための障害になりやすいのです。これは、頭に浮かんだらすぐ、TF式のメモ（第3章参照）に十秒以内に書き留めてしまいましょう。

もちろん、ひらめきも、次の瞬間にはメモしておくことです。どうでもよいことでもメモします。そのうちにあなたのレベルが上がってきて、ものの見方、考え方がおのずと深まってくるのです。

「皆、間違っている。これではだめだ」「やはり、私の言ったとおりに、うまくいかなくなりましたね」

そんなことを正論としてふりかざし、いくら言っていても仕方がありません。現実のビジネスとは関係ありません。

ビジネスというのも、人間の活動です。しかも組織的にやっているものです。多くの場合は、ベストでなく、ベターでやっています。今の状態で次善策で対応しているということです。

何事についても、単に否定するというのは、簡単です。しかし、何にもならないので、やるべきではありません。それは、前向きに切り開いていこうという姿勢でのみ許されます。

もともと、正しいことなどないのだから、書かれたことが現実となります。ですから、書くならば、よりよい方向性に向けて書くことです。

## ■情報の取捨選択と加工のために

### ❶すべての情報を疑ってかかる

〝情報空気論〟（P96参照）は先に述べました。無限にある情報には価値がないということです。

空気にもいろいろあります。うまい空気、まずい空気、元気になる空気、気分の悪くなる空気など、さまざまあります。元気になる空気の方が、私たちの心身、さらに頭をイキイキとさせます。そういう空気に五感をリフレッシュさせることも必要です。自分だけを活性化させる、空気のような情報もあるからです。

リフレッシュできる空気は、都会という〝今の時〟にもあれば、田舎という〝昔からの場〟にもあります。それとともに自分の体内にあることも忘れてはいけません。

情報そのものは、頭や体の中に眠っています。それが新たなる情報によって刺激され、その人独自の形に出てくるのです。これをインスピレーションといいます。

誰の頭のなかにも情報は眠っているのです。知識という形をとらないものもあります。人類・生命が誕生し、今まで体験したこと全てが集まっているものもあります。これは、遺伝情報といって、先祖代々受け継がれてきたものです。これがなければ、あなたは、今、人間をやっていないでしょう。

五感を磨くというのも、外に対して、五感を働かせ、新たな情報を取り入れるということだけではありません。むしろ、自分のなかにある情報に気づくことが大切だということです。

自分の内に潜在的に眠っている情報は、取り出し方に慣れないと、なかなか起こせません。それが出てくるまで書き出していくことです。

全ての情報を疑うことが、情報に対する基本的なスタンスです。情報をそのまま使用するのではなく、自分の中から新しい情報が生まれてくるようにインスピレーションの材料として、使うことです。そうすれば、自分の外にある情報に多くの期待をしなくともすむのです。

## ❷反論、代案の構築方法を学べ

今まで私が述べてきたことに、頷く人もいれば、反発する人もいるでしょう。私自身、この本に書いていることは、今までの文章の本とは、違う方向から切り込むようにしました。

私の論が正しいかどうかということではないのです。あなたの生理に合うかどうか、ただ、それだけです。人の好き嫌いと同じ、それは取り入れる側の感覚によるのです。

私は、一つのコンセプトで情報をこの本に提示しました。

多分、類書にあまり見られぬ部分が多いでしょう。ですから、本として出す意味があると思いたいものです。少なくとも類書とは違うコンセプトで情報を発信しているからです。既に打ち出された情報に対して反論したり、代案を考えたりしながら書き進めているわけです。

書く力をつけるには、反論、代案をつくることに目をつけるのが、早道です。誰かが言っていることに対し、反論をかましていくのです。難癖、大歓迎、反論をする力こそが、論理力をつけます。そこには明確な論拠が必要となるからです。

最初は思いっ切り、つむじ曲がりになればよいのです。それを一貫した主張として相手が納得できるように構築できれば大したものです。

政策と同じで、どれが正しいか、絶対はありません。現実的にみて、ベターとして、さらにできるかぎりベストと近い状態にするにはどうすればよいかということです。そのためには、未来をみることが必要となります。今のベストが将来のワーストになることも多いからです。

---

たとえば、少子化問題では、皆、日本の将来を心配しています。どうすれば安心して生める社会になるのかを論じています。

しかし、ここに「少子化の方がよいではないか」という異論をぶつけます。すると、各国の例も、かつての中国の一人っ子政策、労働人口を移住で補うアメリカなど、持論に都合のよいデータがあがってくるでしょう。

すぐ少子化を将来の国力に結びつけるのは、前時代的「生めよ増やせ」で、短絡的であることもわかってきます。何より人口増加や環境問題が取りざたされている二十一世紀に、女性の社会的進出や高齢化社会との関係は……とみると、充分に論（仮説）をつくり出せるでしょう。

このように、〝書く力〟とは、仮説、新論や異論である自論を、どこまで裏づけられるかという勝負になってきます。

人と同じことを言っても、仕方がないというわけではありません。もっと深くものごとを捉えようと試みたいものです。より深く捉えるということです。

価値が生じるのは、他人と違うことを、きちんと相手が納得できるように構築できるときです。

相手の主張に対し、反論し、代案を出します。ただ反論するだけでなく相手の主張をも包括して、さらに先に、さらに深く展開するのです。この深さは、書き手の人間観や思想から出てきます。

しかし、ここでは、書く力をつけるためのアドバイスにとどめます。自分のまわりの情報に対し、全て、反論と代案をつくっていくのです。切り口、見方を変えていく。そして、それをどのくらい展開できるか、書いてみるとよいでしょう。

## ❸コンセプトを盗め、言葉を学べ

新しい考えを主張するには、新しい言葉やキャッチフレーズをつくりましょう。言葉の定義は、時代や社会とともに変わっていくのに、それを確認しないまま、「その言葉の意味や使い方は違う」などと、お互いに批判し合うだけの論議が少なくないからです。

あなたの会社では、どのくらい新しい言葉が生まれているでしょうか。これが企業の活性度とか、将来性をはかる指標ともなります。あなた自身も新たな言葉を日々、どれだけ生み出しているかということです。

学ぶは、〝まねぶ〟です。新しい言葉は、盗んでしまいましょう。言葉そのものはどうでもよいのですが、そこにどのようなコンセプトがあるかを見抜き、それをまねぶのです。世の中が受け入れ、人の口を介して広まるものもあれば、あなたの生理に合う言葉もあるでしょう。

少なくとも、あなたがピーンときた言葉は、あなたにとって何らかの意味があるのです。

私は今を捉えるために、また先に次代を捉えるために、常に自分に合う新しい言葉を探しています。世間に流行している言葉を学ぶところから入ってもよいでしょう。

しかし、本当に大切なのは、自分が見つけた言葉、創った言葉におもしろいと感じることです。世間でおもしろいと言われている言葉につまらないと思うことです。これはビジネスの力につながってきます。一歩先のセンスをもつことです。

そういう感性を身につけるためには、CMでも歌詞でも雑誌のコピーでも漫画でも、街の看板でもちらしの一文でもよいですから、自分がピンときたフレーズをメモしておきます。できたら、そこから何かを発想してみることをトレーニングとしてやってみるとよいでしょう。

頭のよい人とは頭のやわらかい人です。過激な考え方であっても、それを言葉でオブラートのように包み込み、それを最大限の効用をもたらすように使えるようにめざしましょう。

## ❹異質の情報を結びつけよ

自分独自の考えとかオリジナリティを最も簡単に出すには、異質のものの組み合わせから生じさせることです。これは、アイデアの出し方と同じです。

科学者ケクレは、蛇がその尾を咬む夢をみて、炭素原子の構造式を発見しました。またニュートンは、リンゴの落ちるのを見て万有引力の法則が、アルキメデスは、風呂の湯のあふれるのを見て比重の原理が閃いたのです。

イギリスの作家アーサー・ケストラーは、こういう言葉でこれを表わしています。「ほとんどの新しいアイデアは、二つの全く異なる活動領域の間に、関連あるいは類似を見つけることによってもたらされる」

このためのトレーニングは、全く関係のないような、二つのことを結び付けることで行います。「風が吹けば桶屋が儲かる」の類です。

同じ言葉を使っている人でも、言葉の意味には必ず違いが生じます。それが意味するもののイメージも違うことが多いのです。その違いに注目して、その差を拡大したり、総括してみるとよいでしょう。

異質情報というのは、全く異なる情報ということだけではありません。言った時期が違う、言う人の立場が、人が、違うということでも、異質なのです。自分のなかでも一つのことに対して、全く違う考え方が出てくるときもあるでしょう。それを見逃さずに突き詰めてみるのです。

そうすると、世の中に同じ考えなど全くないことがわかるでしょう。単に「異なる情報」でなく「異質の情報」を、と言ったのは、言葉よりも、その言葉のもつイメージ、質感をとりたかったからです。

このトレーニングのなかで、自分のなかにさまざまな異質の考えを生じさせ、ぶっつけ、結びつけて、論じることです。その力は、多くの人を動かしている人の方法からも学べます。多くの人をマネジメントするということは、異質情報をうまくとり扱うことにほかならないからです。

## ❺ 情報源となる人や場所を押さえよ

今の世にも、論客というか、鮮やかに世の中で起こったことを人と違う観点から切り込み、私たちの前に示してくれる人がいます。評論家やコメンテーターと言われている人たちです。評論家の発言というのは、他人より深い本質把握力と、他人と違ったところにおかれた視点から出た、新たな発想の上でものを言う、クリエイティビティに価値があるはずです。

その言葉の内容を正しいとか間違っているとかの視点で見るよりも、選択肢のバリエーションとして、受け取るとよいでしょう。

私は、キワモノの意見を言う人を好みます。それがよいとか悪いではなく、そういう極端な意見や立場のあることを知ることから、いろいろなことがみえてくるからです。自分のなかでさらに極論をつくり上げてみます。

何かを主張するには、まず多くの選択肢をもつことが大切です。ですから、世に指示されている正論を三分の一、異論を三分の一、残りは、極論を押さえておくとよいでしょう。それによって初めて、世の中の中庸というのがどのあたりなのかが見えてきます。

---

たとえば、

Ⓐ「耐震強度不足マンションの被害者は、建築士とマンション業者だ」
Ⓑ「待機児童問題は、国の政策がおかしい」
Ⓒ「談合、天下り、丸投げは、日本のよき風習だ」

Ⓐでは、地盤調査データ改ざんの不祥事、責任のなすりあいで、いろいろな立場からの擁

護、弁護ができそうです。

Ⓑは、保育士不足、都市への人口集中などが考えられそうです。

とかく、法律と現実は合わないものですが、日本は法律のグレーゾーンが大きすぎるため、いつも一件あげたあと、問題そのものがうやむやになります。

Ⓒはあなたが考えてみてください。


---

今の日本はどんな発言もできるとはいっても、メディアが認めているものは極論までいくことはなく、ある範囲内で許された異論にすぎないのです。そのために今後、ネットでの発言などが、よい刺激になることはあるでしょう。

キーマン、オピニオンリーダーは、必ず自ら情報を発信しています。そして、世の中は、程度の差こそあれ、その情報を取り入れて動いています。ですから、こういう人の情報を学ぶことは、とてもよい勉強になります。その人の言うことに何か価値があると誰かが認めるから、情報が伝わるのです。

その価値とは、何でしょうか。

誰がなぜ、その人の言うことを認めるのかを見るようにしましょう。

その分野のオーソリティの意見、主張は、極論、異論であるほど、耳を傾ける価値があります。

ある先生は「飢えている国への物質援助は、さらなる多産と悲劇を生む」といっていました。

援助せぬから非情というのでなく、赤ん坊の食料を調達しても、彼らが育ったあとでどうするかまで考えなくては、もっと大変なことになるというのは、本当のことでしょう。

また、立場をもたぬ人の主張も大切です。特に若手で今後、伸びていくであろう人には注目しましょう。若くして発言の場をもつ人は、少なくとも言っていることに、その場を得られたというだけの価値があるからです。

多くの人は、正しい情報は、頭のよい人やマスメディアが流していると思っています。しかし、本当に価値のある情報は流れません。マンツーマンで流れてくる、うさんくさいものこそが本当は役立つ情報なのです。

情報は集める力より取り入れる力が大切です。自分に対し、多くのよいインスピレーシヨンをもたらしてくれる人や場所、メディアを尊重すべきです。

## ❻異なること、違うことを大切にせよ

この章を通じて、私の言いたいことは、〝書く力〟とは、〝考える力〟であり、〝書いて考える力〟とは、〝人より深く考えることができる力〟だということです。

同じことを言うにも、あらかじめ書いているかどうかで説得力が違ってきます。書くと論理がしっかりと構築され、一つひとつの材料が検証されるからです。

台本なしにドラマを演じられる役者などいるでしょうか。それと同じです。

情報の取捨選択や加工の仕方のポイントは、あくまで自分独自の視点です。異なること、違うことを旨にします。

「自分は他の人と違うことがない」という人がいます。しかし、ロボットでない限り、そんなことはありません。仮にそうだとしたら、あなたは日々、一〇〇パーセントの満足をして、ユートピアか天国に住んでいることになります。そんな人は、この本を手にとったりしないでしょう。

「あなたがカチンとくること」、「エーッと思うこと」は、すべて、この世の中があなたに

示した情報であり、題材なのです。これを解決すると、もっとベターに生きられる、そう思ったら、書いてみることです。

問題をみつけ、それをうまく書くことができれば、問題の半分は解決してしまうのです。

いろいろな立場からものごとがみえると、ものの道理もわかってきます。

頭にくることもなぜ、そうなっているのかがわかるし、どう処すべきかの立案もできます。書き出してみると、人間、冷静になれるものです。

感情ではものごとは解決しません。頭も悪い使い方しかできません。

そこで、〝書く力〟があると、ものごとはよい方向に解決しやすいのです。

他の人と異なるから、違うから、価値があります。他の人と違うように思うこと、それがあなたの価値です。

書く力とは、いわばそれを思い通りに表現できる力なのです。

第3章

# 書くための技術〈表現するためのシステム〉

## ■情報をもとに自分の考えを出す

### ❶手帳、ポストイットメモを使って書いたものをどうまとめるか

どんなことでも、まずは、メモすることからです。もちろん、メモしただけでは、考えたことにはなりません。ここでは、それをどう使うかを述べていきます。

情報は、書きとめることにより、現実に固定されます。話で聴いたり、読んでわかったというのは、大意でわかったというだけで、きちんと考えているわけではありません。だから、書いてみると、うまく表現できないことが多いのです。

表現できないというのは、考えていないということだと思えばよいでしょう。それでは価値が出てきません。なぜ書かないのかは、書いたところで現実は何も変わらないと思っているからです。ですから、自分の将来に役立つために書くことが必要、だということを知ってもらいたいのです。

メモにおとした事柄を、私は次のように処理しています。

TF式メモの書式

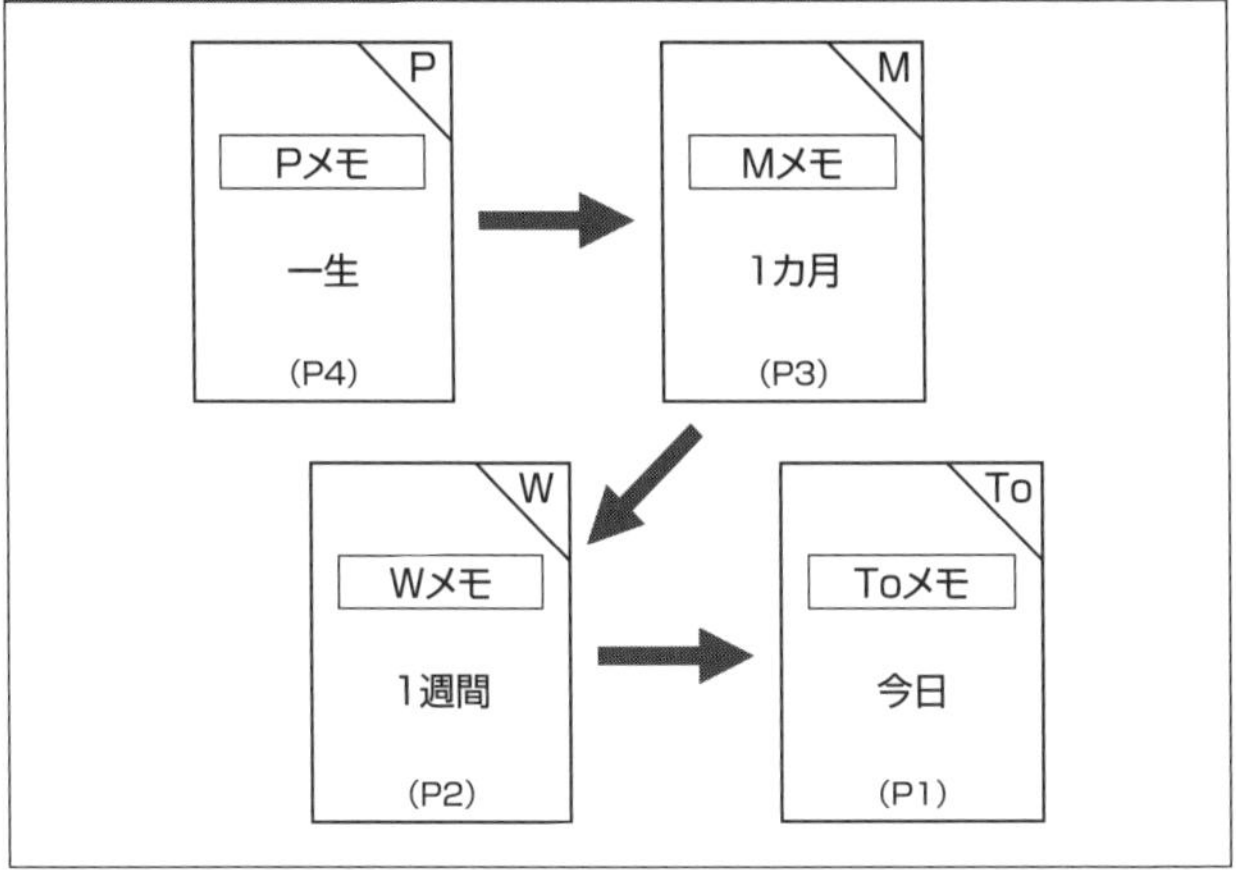


〈スケジュールや行動に関するメモ〉

P（プラン）メモ→M（マンスリー）メモ→W（ウィークリー）メモ→TO（トゥディ）メモ

　やりたいこと、やるべきことをプランして、期日が決まったら、M（一カ月）メモ→W（一週間）メモ→TO（今日）メモと書き移していきます。TOメモに書き入れるところまでくれば、その日にその行動をして、あとはメモを破棄するのです。行動した時点で、メモは不要となります。

　書く力は、この場合、流れがうまくいくように企画する力です。その流れを妨げるところが問題です。その問題をアイデアを出して解決するのです。

まずは、Ｐ（プラン）メモからどれだけＭ（一カ月）メモに移せるかということがポイントです。Ｍ（一カ月）以下のメモに移すと現実化するからです。

深く考えてみたいことや、覚えておきたいことは、Ｐ（プラン）メモに書きます。

Ｐ（プラン）メモには、思いついたこと、やりたいことなど、頭でひらめいたことを何でも書いていきます。人の話や本などから、得た考え方やコンセプトを加えるときもあります。

昔はよく人の文章をそのまま写したものです。今は一行くらいで要約して、メモしています。これを文章化するのは、アウトプット（相手先や打ち出し方）が決まってからでよいでしょう。

ここで書いて考えたことが、何度も見返しているうちに、頭の深くに眠り、必要に応じて出てくるのです。考えて書くのでなく、書いて考えるのです。

## ❷「書くこと」はすでに選択されたことである

「頭でだけ考えている」という人に限って、大して考えていないことが多いのです。書くとそれがはっきりするから、考えるためには、書くことが効率的かつ効果的なのです。

もちろん、話をしていても、考えがうまくまとまったり、よい例がひょいと出たりすることもあります。これはそのときにメモしないと、すぐに忘れてしまうのです。

ですから、私は話をするときにも、自分の言葉や話の内容を、その場でメモすることがあります。メモして話すのではなく、話しながらメモするのです。話すことで自分の頭の中から出てきたことを捉えているわけです。

でも、これは相手がいるので、結構大変なことです。ですから、書いて出す方が、発想や試行と記録が同時にできてよいでしょう。

書かなくてはいけないから内容がでてくる、とは言いましたが、当然、内容がでてきて書きたくなるときもあります。

本当に伝えたいことがでたら、書き出し、その後、よりよく加工するのです。何が何でも書く内容を出そうとしたことは、あまり覚えがありません。アイデアが一つ出れば、それについて何枚も書けるようになってくるものです。
ただ、書く力を早くつけたければ、もの書きのように、最初から自分のために書くことを課すべきでしょう。

メモすることでさえ、一つを書いたときには、すでにそこでは、選択が働いていることは知っておくとよいでしょう。

先の空気でたとえれば、空気は自分の体に入って、循環して、出していく、この空気さえも選択されているということです。呼吸は、無意識でやっていますが、書くことは意識しなくてはいけない分、やっかいです。

しかし、頭でいい加減に考えているよりも、書き出すことです。そこに書いたことから、自分の中から何がどう選択されてきたのかがわかります。これが、自分を省みるということです。

## ❸本当の情報は、流行に振り回されない自分の頭にある

よく勉強している人とか、生き字引みたいに思われている人がいます。そういう人に話

を聴きにいくと、他の人の引用ばかりで、最後までその人の考えが出てこなくて、がっかりさせられることがあります。

ビジネスにおいては、こういった知識はさして必要ありません。自分なりにポイントを押さえるだけで十分です。

むしろ、自分の意見や考えを言うために、どのくらい他の情報を使いこなしているかが問われるのです。

これがうまいのが、これからのすぐれたリーダーの条件の一つです。言いたいことを常に伝えなくてはいけないから、どんなこともその観点からぐいっと掴み、うまく加工してしまうのです。そういう大ざっぱな頭をもつ方がよいのです。

他の人の言葉を引用するのは、権威づけに利用することが多いものです。それは、その当人が言ったから価値をもつのです。その言葉だけを借りて別の人が価値をもたせるには、現場に対応できる言い換えが必要です。

少なくとも、現在の問題に関わること、そして将来に対処していくことが、ビジネスであれ、人生であれ必要です。三十年前のマニュアルでは商売はできません。受け継げるも

情報の集め方

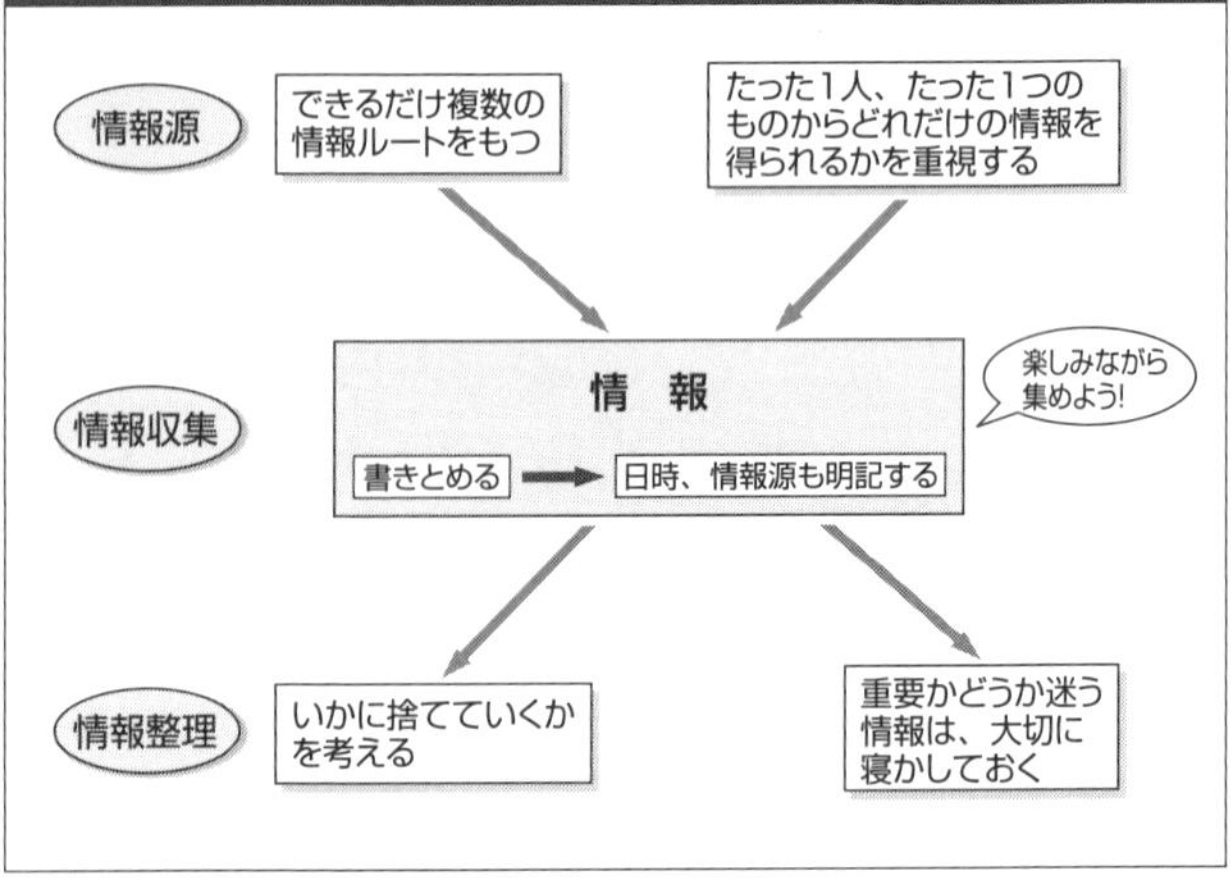


のはあっても、今に対応した方法を組み立てなくてはいけないのです。

だからといって、今、他で成功している方法をそのまま取り入れても通じません。どちらにせよ、受け継ぐべきものを、今、ここに、どう接合させていくかというのが、考える力であり、書く力なのです。

世の中のあらゆる事象に対し、自分の頭の情報をうまくコーディネイトして出していく、それとともに新しい情報をコンセプトとして、自分の頭のなかにうまく取り入れることです。

ですから、本当の新しい情報とは、常に自分の頭の中にあると思っておくとよいのです。

## ❹インスピレーションの連鎖反応を起こせ

情報から自分の考えを出すためには、異質情報を組み合わせるのがよいと述べました。（P116参照）

二本の電極棒を放電させ、火花を出すのです。これを自然に仕込み、打ち上げ花火のように開花させることのできる人は、書くことを相当やってきた人でしょう。

多くの人の場合は、打ち上げ日も打ち上げ方法も玉の仕込みも決め、ある程度、計画的にやることになります。それでもあがってみないとどんな花火になるかはわからないところが文章の妙です。

インスピレーションは、ビジネスの基本的な文書においては、必ずしも、中心には入りません。相手とのコミュニケーションにプラスする方向で、ちょっとしたウィットを入れることとあたりで、とめておくことです。

しかし、企画や開発、営業マネジメントといった仕事では、まさにインスピレーションのもたらしたことが実践的に使われます。火花がなくては、新しいビジネスにならないのです。

次から次に、書きながら、インスピレーションが働き、ひらめくアイデアを取り込んでいきながら、プランニングしていくわけです。

これを私はインスピレーションの連鎖反応を起こす、と言っています。書く力で期待できる大きな成果の一つです。

参考までに、ワラスという人の「創造過程の4段階説」というのを挙げておきます。

**〈ワラスの創造過程の4段階説〉**

**第1ステップ〈準備期〉**問題解決の材料をできるだけ集め、必死に考える。

**第2ステップ〈孵化期〉**何も行なわれず、表面上、全くはかどっていない状態が続く。

**第3ステップ〈啓示期〉**急にインスピレーションが働き、問題が一挙に解決する。核心のキーが見つかる。

**第4ステップ〈検証期〉**ひらめきを実用化する、論証していく段階である。

## ❺何度も書き直し、書き換えて煮つめていく

書くことのメリットの一つは、書き換えを繰り返すことによって、少しずつグレードアップができることです。文章は最終的によいものになればよいのです。他人にはプロセスはみられません。そのトレーニングでは、できる限り煮詰めていくようにがんばることです。

文章では、表現の面での書き直しの前に、思考面での煮つめをした方がよいときがあります。

たとえば、自分がA→B→Cという論調で展開したものを読んだところ、A→Bだけではなく、A→Dという方向にも進めることがわかったとします。すると、A→B→C、A→D→Xと展開するか、A→B→Cでストップするという方向でDの枝を切るかを決めなくてはいけません。

相手を決定しないと文章が書きにくいのは、相手によって、どこまで述べるかが違ってくるからです。

部内で配る文章なら、部内で半ば常識化していることは、触れなくてもよいでしょう。

社員だけに向けるのと、一般のお客に対して書くのとは、伝えるべきことと伝えないことが変わってきます。


その文章構成のなかで、常に読み手との駆け引きを行なわなくてはいけません。

「○○の件について述べられていない」

「○○○のケースはどうする」

「○○という考えもあるぞ」

「○○はそうは思わないのではないか」

会議で発言するなら、こう言われることをあらかじめ自分の頭のなかで描きながら、シュミレーションしておくとよいでしょう。書くときも同じことなのです。

書き換えるとは、考えを煮つめるということです。これと表現上の技術とは別のことです。最初の段階では何を言いたいのかをはっきりさせて、その主旨から極力、離れず書き表せるようにトレーニングしましょう。

## ❻キーマンの考え方をあてはめる

書き煮つめるときに、伝える相手を念頭において「○○さんだったらこう考える」「○○さんならこうは言わない」などと、具体的に考えていくと、しっかりした文章になります。

伝える相手をキーマンとして考えたり、自分がキーマンの立場だったら、どう書くかを考えるのは、効果的です。

そのときに場合によっては、会社の思想、ビジョン、社長、上司の考え方を取り入れていくのも、よいでしょう。取り入れた上で、ポイントのみ、自分の考えを展開します。お偉いさんに語らせるのです。

自分の考えを会社や上司の論理で支える形をとるのです。

ビジネスの文書は、人をハッとさせたり驚かすのが目的ではありません。短時間に、読んでもらうことを前提につくります。

投書、プレゼンテーションなどのように、読ますために工夫がいるものとは、また別なのです。

市販の企画書の書き方などをそのまま真似てもだめです。ケース・バイ・ケースで状況が変わるので、マニュアル式の企画書ではあまり役に立ちません。

〈ビジネスに使う文書〉

●まず書いてどうしたいのかを、常に自問しておくことです。

●企画なら通したいのか、ある条件がつかないなら、やりたくないのかをはっきりさせます。

単に企画書としてよいものをつくるのではなく、どういう意図での企画書なのかまで考えるのです。

それによって、キーマン、読み手の考えをどのくらい、どう使うのかも変わってくるでしょう。

●相手の頭で考え、文章にすると、評価はよくなるでしょう。

●そこに、自分の意見を組み込み、キーマンに読まれると何と言われるかを想定しつつ、書き煮つめていくとよいでしょう。

## ■自分の考えを相手にわかりやすく伝えるために文章にする

### ❶常に読み手に合わせることが肝心

●まず、「**いつ誰に伝え**」、「**どうするのか**」をメモしてみることです。それによって、書き出し方が違ってくるからです。

●**サマリー（要約文）**をつけてみましょう。サマリーとは、一言で言いたい内容をまとめたものです。新聞でいうリードにあたります。

私は、本を書くときに必ず、「**はじめに**」という文章をつくります。

●ここで**読者というターゲットの確認**と、**何を言いたくて書くのか**を明確にします。

読み手を絞り込むとともに、自分自身で、誰に何を伝えるかを確認しておくわけです。

同じことを伝えるにも、相手によって、切り出し方や例のひき方は違ってきます。

広告のコピーをつくる方法に学んでみましょう。キャッチコピーを出し、ボディコピーをつけ、そこから文章をスタートさせます。しかし、その前にコンセプトとターゲット（訴求対象）を決めます。何を誰にどう伝えるのかということです。

●**文頭**は、相手のレベルにこちらが合わせて、書き出すことです。これは、あいさつ文にあたります。

●**あいさつ**には、どこでも天気やご時勢のことなど、必ず、相手に通じる話題を選んでいます。一般的には、「お早う」「お早いですね」「よい天気で……」と、相手が否定しようもないことで、始めるわけです。

もう少し、親しくなると、「昨日、巨人が勝ちましたねぇ」「ヤクルト、調子いいですね」と、相手により合わせられるところに絞り込みます。このときは、絶対に相手が受け入れられる話題にします。アンチ巨人やヤクルト嫌いの人には、こう切り出してはいけません。

●そして、「**ところで**」「**さて**」ということで話の展開に入ります。

前文でしっかりと相手との間にはしごをかけておくと、そのあとも話がそれる危険は少なくなります。

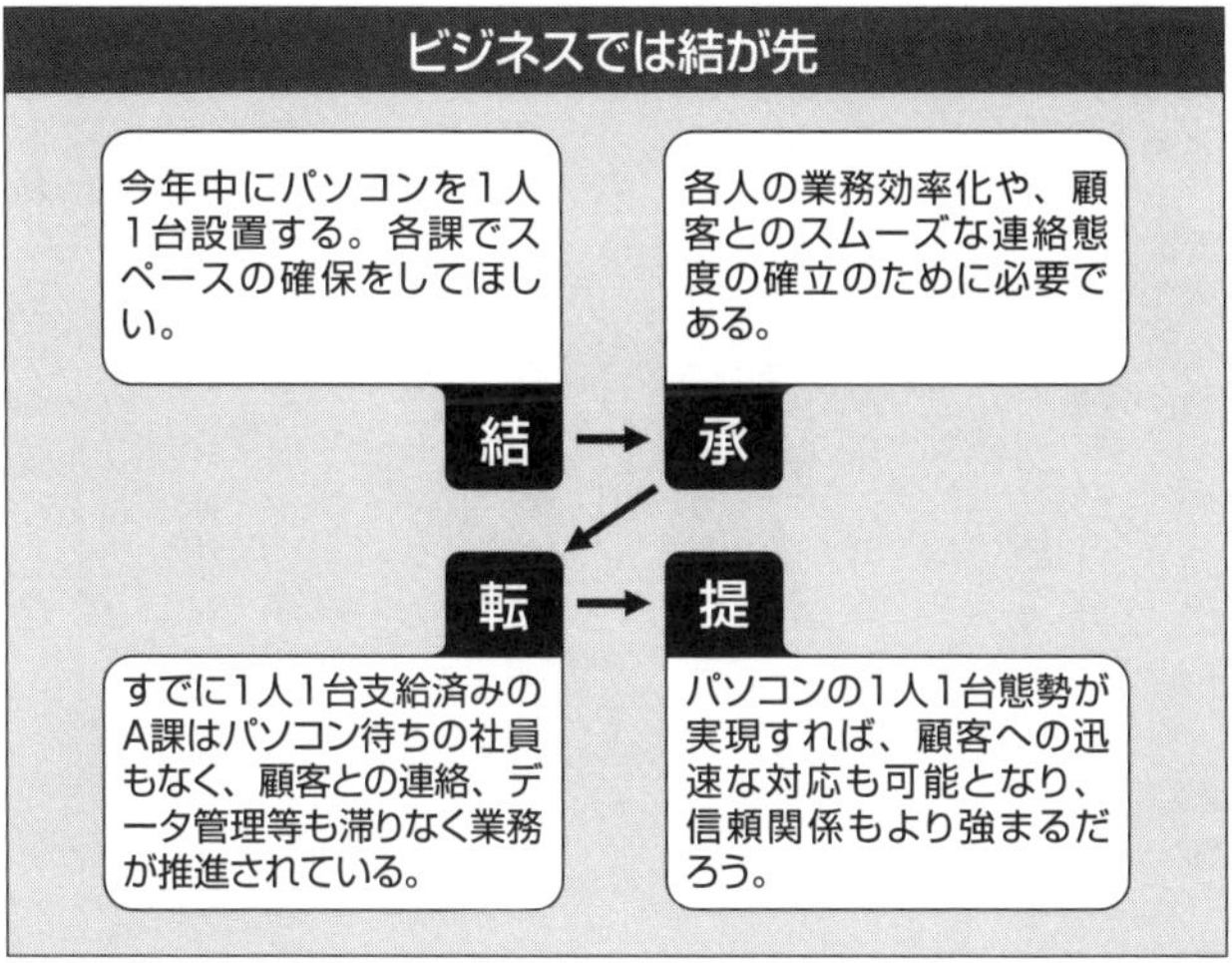
ビジネスでは結が先
今年中にパソコンを1人1台設置する。各課でスペースの確保をしてほしい。
結
各人の業務効率化や、顧客とのスムーズな連絡態度の確立のために必要である。
承
転
すでに1人1台支給済みのA課はパソコン待ちの社員もなく、顧客との連絡、データ管理等も滞りなく業務が推進されている。
提
パソコンの1人1台態勢が実現すれば、顧客への迅速な対応も可能となり、信頼関係もより強まるだろう。

あらゆる文書には、読み手がいるわけですから、その読み手に合わせることが必要です。それによって、文章の書き方、内容、進め方を柔軟に変えるのも書く力です。

忙しいトップに対しては、冗漫さはタブーですが、一般の人やお客さんに、味も素っ気もない文章ではかえってわかりにくいものです。

## ❷ビジネスの基本は、結承転プラス提案

文章の構成は〈起承転結〉であると言われます。〈起〉で書き起こし、〈承〉でそれを受け、論を展開する。そして、最後に〈結〉で結ぶ。

なぜ、「転じ」なくてはいけないのか、とい

うのが私の長年の謎でした。

しかし今は、転じることによって、正論の位置を明確にするためと思うのです。

たとえば、私は企画書には、別案をならべます。自分の企画した案のメリットのみならず、デメリットもいくつか述べておきます。これが〈転〉の部分にあたると思っているのです。

つまり、どんな企画でも完全なものはありません。全員が賛成するものほど恐いものはありません。全く予期せぬ落とし穴を見過ごしている危険性があるからです。〈起承結〉というのは、それに似ています。だから〈転〉という反対者、中立者をおく。そこに違う視点が必要だと思うからです。

相手に選ばせるのであれば、あらかじめ、代案や例外、否定的要素まで加えておき、その案の位置づけから、可能な範囲をあらかじめ限定して、知らしめておきます。

このことで、こちらが、その案以外にも深く研究した上で提案していることが伝わり、その案のよさを一層強めることになります。私は文章も同じだと思っています。

ただ、ビジネスでは、〈結〉が先になります。それを受けて、〈承〉、そして〈転〉、となります。できたら、その後に、〈提案〉や所感を加え、この案の発展した形を記しておきます。

この〈提〉に述べられることが、〈結論〉と考えてもよいでしょう。

報告書は、結果の報告であり、企画書は、結果からの設計ですから、文書によって、〈結〉ということが違ってきます。でも、私は、報告書でも、だからどうすべきかという部分も、必要だと思います。

結論から、経緯を説明し、裏付けのデータを示し、将来的方向を意見するなどというのは、このパターンを踏まえたものです。

もちろん、相手の申し出を断ったり、あまり相手に喜ばしくないことを述べるときは、この限りではありません。〈起〉〈承〉〈転〉〈結〉とすべきときもあります。特に結論は、機をみて言う方がよいようです。

## ❸具体例で補強する

講演でおもしろいのは、本論よりも余談やその後の質疑応答でしょう。なぜなら、具体的であるからです。話が脱線する先生の方が、人気があるのは、脱線するからでなく、具体的なことが聞けるからです。

人間誰しも興味をもつのは、具体的なことなのです。

なぜ、具体的なことがよいかというと、それは事実であるからです。たとえ、つくり話であっても、具体的に話されると、それは事実として現実味、リアリティをもちます。人はリアリティに弱いのです。

先に、情報の扱い方を、意見と事実を区分して、事実を重視するように述べました。事実なら、具体的に書けます。この場合は、事実のなかでも、身をもって体験したことならなおさらよいでしょう。具体例、実例の中でも、自らが体験したことは、書きやすいはずです。情報が豊富だからです。事実と体験が、書いたことに真実味をもたせてくれます。

---

事実というのは「テレビは、一八四三年、アレクサンダー・ベルが考案、一八九七年、ブラウン博士がガラス管に映像を映す　昭和○○年、日本でＴＶ中継開始」といったものです。これを歴史的事実ともいいます。とはいえ、知識や伝聞情報の類です。

それに対し、体験というのは、「私が小学校四年のとき、新しく買ったカラーテレビでアポロの月面着陸をみた」というようなことです。これには、「誰」と「どういう状況」で「見て」、「どう感じた」などということを、事細かにつけ加えていけます。

知識はひけらかすにも限度がありますが、体験情報の材料は無限です。できる限り、状況や細部の描写を詳しくするとわかりやすいのです。文字で全ては語れないし、書いた人と読み手の間には必ずギャップができます。しかし、それがまた〝書く力〟により、読み手のイマジネーションを喚起させ、より大きな効果をあげることもできます。

そのためには、具体的に書き、相手をひきつけるのと同時に、イマジネーションを刺激するように述べていくことです。

## ❹話す言葉（内容）をそのまま用いてみる

書くのが苦手という人は、話した言葉をそのまま用いて書いていくのも、よいアプローチ方法です。特にセールスなどで、話すのに慣れている人は、話した言葉を書いてから、直すようにする方が早いでしょう。

書くとなると、急に文体から言葉使いまで変わってしまう人がいます。現代では、それほど大きく変えなくてよいものです。

しかし、きちんと話すことも難しいものですね。なかなか自分を素直にありのままにさらけ出せないからです。

まず、Be yourself　本心から話したいことを話し、書きつらねるようにすべきです。

ですから、「ラブレター」や「クレーム」、「催促文」のように、何かを訴えるようなものを書くのは、とてもよい練習になります。そこには本心から言いたいことがあるからです。

ここでいう話の相手は、友人や同僚でもよいでしょう。少しまじめに話すときの、それなりに内容のある話に限りますが。

そういうときに、メモをして、家で文章にしてみます。それを直します。テープを録るのもよいことです。また相手にみてもらって、気づいたことを指摘してもらうとよいでしょう。

「スピーチ」や「あいさつ」などは、書くよりも話す方が難しいのです。形を踏まえた上で、一度、その形を壊し、新たに創り上げないと、人を魅きつけられないからです。

フレンドリーな話し言葉を基準にして、話し言葉から書き言葉に直すトレーニングをするとよいでしょう。

ビジネスであれば、自分の一番知っていること、詳しいことを人に伝えるところからスタートすればよいでしょう。

得意なことを題材に話したり、書いたりしながら表現力をつけていきます。そして、今度は逆に表現力を使って、慣れぬ分野の話材をもこなせるようにしていきます。自分の詳しいことについて、徹底的に書くことで、〝書く力〟を伸ばします。〝書く力〟が伸びたら、新しいテーマにチャレンジしていくのです。

---

〈話〉

「こんにちは。あれ、できましたか。えっ、まだ。先に半分欲しいんだけど、すぐ払うから」

〈文章〉

「納品の件について。製品Aの納品期限を教えてください。半分出来次第、先にお願

いします。」（引渡時、支払）

## ❺自分のよく使う言葉をチェックしてみる

人間にも、慣性の法則とでもいうものが働くらしく、一つのリズムをとると、それが最後まで続いたり、一つの言葉を使うと、それが多用される傾向があります。

これは、見苦しいものになりやすいですから、一度、自分のよく使う言葉をチェックするとよいでしょう。

たとえば、「○○である」と使い出すと、どうしても、全ての文がそれで終わりやすくなります。「○○した方がよい」とか「○○ではあるまいか」というのも同じで、語尾の言葉にはまると、そこから、抜け出しにくいのです。

こういうときは「であろう」「と思う」「かもしれない」「と考えられる」「に違いない」など、変化をつけましょう。

**「最終的には、フレーズ、文体の問題であるが、状況に合わせて書き分けられる柔軟性は**

もちあわせておきたいものである。

自分のよく使うことばを知ると、それを他の人や文章のうまい人はどのように言い換えて使っているのかがわかってくるのである。そこを押さえるのである」（悪い例）

●接続詞や指示語も多用されがちです。ラインマーカーでひいてみて、チェックしましょう。そこで、消したり言い換えたりしてみることです。

●「そして」「また」「ところで」「あるいは」「だが」の連発も困ります。

●接続助詞「ので」「のため」「が」も多用したくありません。文章のなかで、因果関係をはっきり示すときだけ使いましょう。

●言い換えに使える同じ意味の言葉をいくつか持っておくと便利です。

●名詞や形容詞、動詞などでは、人があまり使わぬ言葉なら、二、三度、重ねて使うだけでも目立ちます。「いかんせん」「所詮」など古い言葉、カタカナ、外来語などは、特に注意した方がよいでしょう。

●市民権を得ていない言葉や、まぎらわしいものは使わない方がよいです。

●一般の意味と少しでも違う意味で使うもの、字をあて込んだもの、造語などは〃〃で区別しておきます。

自分のよく使う言葉やくせは、指摘されないと、なかなか気づきません。特定の職種や業界によっては、あたりまえの用語が、世の中ではかなり特殊な言葉であることも、少なくないからです。略語や俗称も多いです。

書き手となったときには、どれだけ自分自身の置かれている特殊な状況から離れられるかということが問われます。一般常識をもちあわせていないと、きちんと書くことはかなりいません。

**「最終的には、フレーズ、文体の問題ですが、状況に合わせて書き分けられる、柔軟性はもちあわせておきたいものです。自分のよく使う言葉を知ると、それを他の人や文章のうまい人は、どのように言い換えて使っているかがわかってきます。そこを押さえておきましょう」（良い例）**

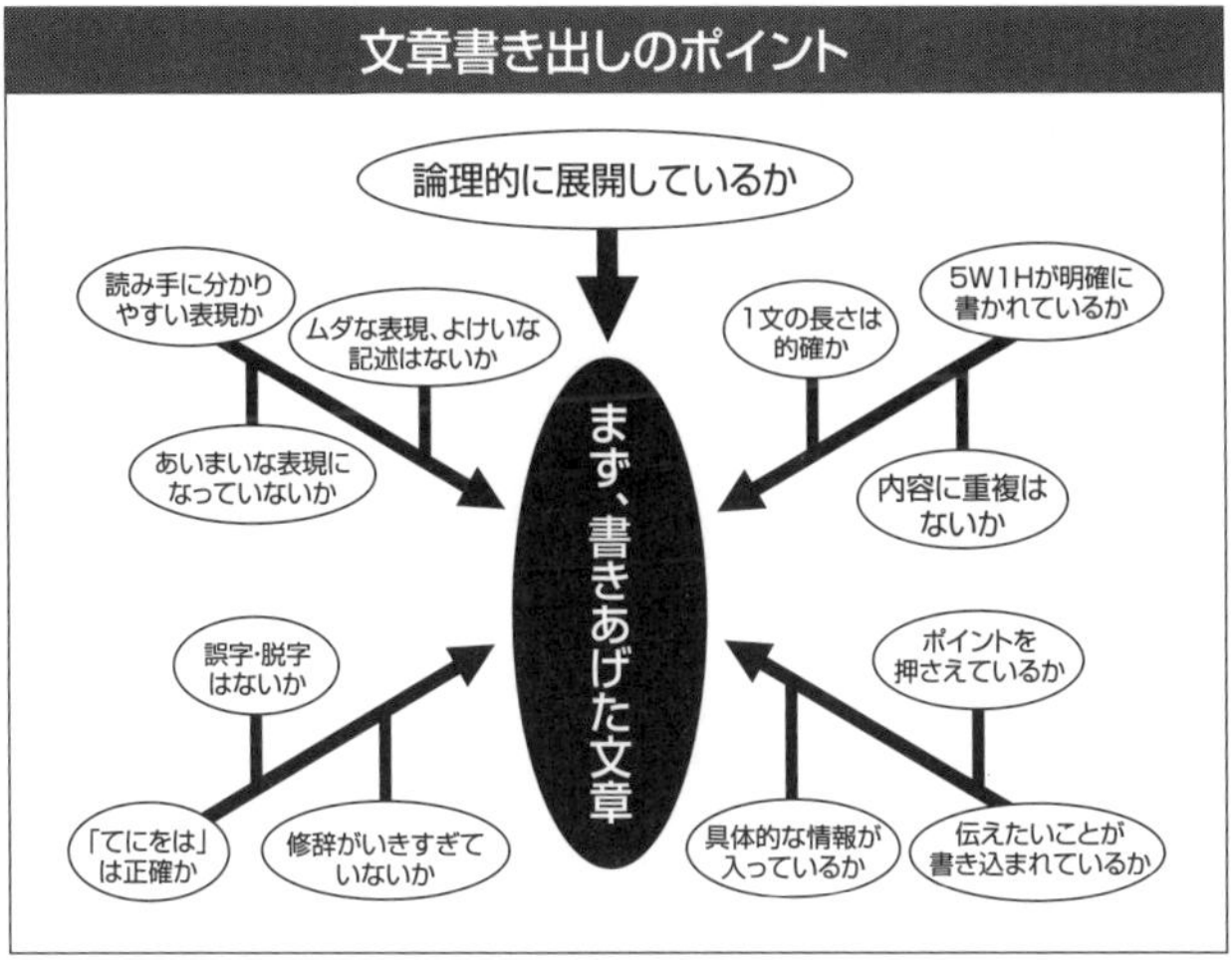
文章書き出しのポイント
論理的に展開しているか
読み手に分かりやすい表現か
ムダな表現、よけいな記述はないか
あいまいな表現になっていないか
1文の長さは的確か
5W1Hが明確に書かれているか
内容に重複はないか
まず、書きあげた文章
誤字・脱字はないか
「てにをは」は正確か
修辞がいきすぎていないか
ポイントを押さえているか
具体的な情報が入っているか
伝えたいことが書き込まれているか

## ❻友人、同僚に声を出して読んでもらう

〝書く力〟は、読むことによってチェックして直し、高めることができます。ところが、自分の文章というのは、客観的に読めそうで読めないときもあります。書いたときには、それなりに、よいと思えるからです。

そういうときは、しばらく間をあけて読み返しましょう。あるいは友人や同僚に音読してもらいましょう。すると自分で聞いていて、おかしいところがわかります。

次のようなところをチェックしてみましょう。書く力をつけるには読む力もつけていく必要があるのです。

①おかしいところ

論理／展開／内容／言葉の使い方／用語

②直した方がよいところ

例の出し方／言葉づかい

③誤解される恐れのあるところ

別の意味にもとれる／二通りにとれる／どちらかはっきりしないなど

自分でチェックしたあとは、読んでもらった人にも聞いてみましょう。

〈チェックポイント〉

①文体、テンポ、歯切れのよさ、リズム

②丁寧さ、わかりやすさ

③意見、主張の強さ、メッセージ

④一貫性、論旨

⑤読み手への配慮、気配り
⑥突っ込み、内容の深さ
⑦冗漫でないか、無駄がないか

---

## ❼できるかぎり短く、図表・絵・ビジュアル化しておくとわかりやすい

●一つの文が長いのは、読む人に労力を強います。文章はできるかぎり短くする方がよいでしょう。
●一文でたくさん伝えなくてはいけないときは、長く見えにくいような工夫をします。
●箇条書きにするのも、一つの方法です。（前項の〈チェックポイント〉参照）
●6W2Hなどは、それぞれ、分けて一行に一つずつ、データとして提示した方がよいでしょう。
●順番は、目的によって違うが、原則的には、重要なものから並べます。
●箇条書きの長さは一文あたり三十字ぐらいまでではないでしょうか。これ以上の長さが必要なら、分けて小見出しをつけましょう。その文末は名詞止めでよいでしょう。

●「記」として書いたときは、箇条書きを使います。
●私は、箇条書きに列記して、番号をつけるときが多いです。
●番号はディレクトリー式（直列式）に、どうつけるか定めておくとよいでしょう。
たとえば1―1―①のようにします。
●わかりやすく図や表にしましょう。

表というのは、数値や事柄を理解しやすくするために、一定の順序に整理したものです。理解しやすくするために表にするのですから、誰にどう理解させたいのかを考えてから、その目的をふまえた表にすることです。

表をつくるのに、その目的を忘れて、きれいにつくることしか考えていない人もいます。相手が理解しやすいように考えると、必ずしも、きれいにバランスの整った表になるわけではありません。文章のなかにも表がどう対応するのかといった点も明記することです。

図やグラフは、表よりも視覚的効果を狙うものであるからこそ、わざわざ時間と手間をかけてつくります。ならば、表よりもわかりやすくなくては仕方がありません。

これらは、データや論理の視覚化です。一見して、感覚的に何を言いたいのかがわかるのが、メリットなのですから、そのようにつくらなくてはいけません。データを対比するのか、関係を示すのか、全体像を把握させるのか、目的をしっかりと絞り込み、手法を選ぶことです。

また線グラフ、棒グラフ、円（扇形）グラフ、レーダー、チャートなど、それぞれの特色を知っておくことです。加えて基準の決め方、軸や目盛りのとり方に慣れましょう。データの整理の仕方にも注意することです。

図解は、全体像や論点をつかむために多く用いられます。円と矢印、文字をうまく使うとよいです。重要なデータ、数値も加えておきましょう。図解のときの記号の使い方は、あらかじめ決めておきます。

## ❽パソコンの文章に学べること

パソコンの文章がこれからの日本語の文体や言葉を変えていくと言われています。これと〝書く力〟とはどのように関わってくるのでしょうか。

本の文章の長さは、一行でおよそ四十字くらいです。（ホームページやメールなどでは、一行四十字弱、三十五字くらいが適当のようです。）

しかし、私は、最初は一行十五～二十字でみることをお勧めしたいのです。それも字間を詰めて打ち出します。

たとえば、新聞や週刊誌は、一行が十五字くらいです。なぜ、十五字かというと、読みやすいからだと思われます。メディアの性格からいって、この形式はじっくり読むというよりは、速く読むのに適しているはずです。そうでなければ、あのような紙面になっているわけがありません。

これにより、日本語は、十五字くらいで、（テン）をひとつ打てばよいのだとわかります。原稿用紙が、二十字詰めであることからも、ほぼ十五～二十字を日本語の一つのリズムと思ってよいのではないでしょうか。

四十字というのは、二十字詰めにすると、二行、十五字詰めなら二～三行です。もちろん、全てが同じ長さの文にしては変です。しかし、書き慣れていない人は、どうしても文が長くなりがちです。だから文が長くならないための、制限文字数の基準として考えてみるとよいでしょう。

パソコンの文章では、自動的に字数を数えられるし、文章を直すごとにプリントアウトもできます。プリントにペン入れを繰り返したあとで、どのように直していったのかを見比べるとよいでしょう。画面上で直すと、プロセスがわからなくなります。

私は、毎回、最初の文章だけは保存しています。つまり、自分の一番書きたいことがそこに表われているからです。それが推敲していくなかで、読者の志向に合わせるように変わっていきます。

そのなかで失われていくものがあります。そのとき作品には使われない表現にも、価値のあるものがあります。

また、順番の入れ換えや、消去、追加が容易です。同じ画面（ウィンドウ）で、複数の文章をすぐに見比べることができます。

私は、昔、編集者が直したものを、自分の打った元の文章にペンで入れて直していたときがありました。なるほど、こう直すのかととても勉強になりました。

あなたの社内でも文章のうまい人は少なくないはずです。直してもらっておしまいでは、もったいないです。

必ず、どこを直されたか、消されたかをチェックしましょう。その理由がわからなければ聞きにいきましょう。

大切なのは、直されず残っているところよりも、消されたり、改められたところなのです。

## ■書いたものを整理、管理、保存する

### ❶書いたものは残せる、次に役立たせる

話すよりも書くことが秀れている点は、その記録性です。今は話もデジタル録音機などで録音し保存できるようになりました。といっても、すべてをわずかな時間で聴いたり見たりすることはできません。

私も、口述筆記に近いやり方をとることがあります。これも自分が話したことをできるだけ、文字で残そうと思っているからです。

話には、話のよさがあるし、録音した音源データは、活字だけではわからないこと（語調、ニュアンス）も伝わり、貴重です。映像となれば、さらに現実のありさまを忠実に伝えてくれます。

しかし、内容が欲しいときには、たとえダイジェストであっても、文章化してあるものの方が使いやすいでしょう。なによりも検索がしやすいです。むろん、検索についてはA

V（オーディオビジュアル）も今後進歩していくでしょうが、一つのワードで検索することなどは、まだ難しいでしょう。

それに、書いてあるものを読んでいく方が、その内容が正しく捉えられ、評価が適切にできるような気がします。さらに思考や発想が促されます。

“書く力”のトレーニングは、書いたものを直すことによって、効果的にできるのです。自分の文章だけではありません。他人の文章に関しても同様に学ぶことができます。

さらによいのは、すでにつくった文章を次に応用できるということです。

たとえば、プランニングは、初めての相手との仕事は、赤字に近いのです。よいものをつくると、当初は、予算ワク内で納まり切れないのが普通です。しかし、次からは、時間も予算も楽になります。

つまり、頭脳労働というのは、一つのテーマに一カ月かかったことを、次に、同じようなテーマでやれば、三日くらいで済むようになります。資料や情報も共通しているし、フォーマットなども流用できるからです。

“書く力”も、一つの分野で徹底して力をつけておくと、その応用がききます。ですから、力をつけるには損得を考えず、徹底してやっておく時期が必要であるということです。ビジネス文書などは、文例集が出ています。あれも使い道によっては、重宝できます。それをもとに直すのと、全く一から考えるのとでは、相当、時間も手間も完成度も違うでしょう。

## ❷時間をおいて、自分で手直ししてみる

せっかく苦労して書いたものを、二度と読まない人がいるのですが、これはもったいないことです。次々と多くの文書を書くよりも、一つの文章を発展させて展開していく方が、時間がかからずに、いろいろと多面的な勉強ができます。

文書の基本もわかるし、文章づくりの深いところがつかめるのです。

私が、少しはモノを観る眼がついたとするなら、それは、一つの文を考えるのに、コピーライターのようにねばったことが多かったからではないかと思います。

何かを、そのまま表面的なことを伝えるのではなく、自分というフィルターで色づけして、自分なりの見方を出すところまで、一つの題材をこなしてみることです。すると、文章がひとりでに動き出して、逆にいろいろなことを教えてくれます。

いっときは時間がかかっても、一つひとつの文章に内在するテーマを握っていると、さまざまな情報が入ってきます。自分と違う意見、見方も四方八方から入ってきます。自分自身でそこからいろいろと気づくことがでてくるのです。そういうときには、何度かテーマを違う方向から与えて書き直してみるに限ります。

私自身、いろんな論文をいつ発表するか迷っていた時期がありました。材料はいくら手に入れてもキリがないくらいに変わっていくからです。

しかし、これは、自分の中でだけ、対話していたからです。材料に振り回され、自分で固定できませんでした。つまり最初に、誰に何を伝え、どうしたいのかをはっきり打ち出さなかったからです。

今は自分の考え、打ち出したいことを中軸に据えて、材料を使うようにしています。誰に何を伝えるか、から決めていくのです。必要があれば、時間をおいて相手や内容を変えて、表現にアプローチしていけばよいのです。

### ❸残された情報、アイデアは捨てない

書き終えたときに使わなかった情報や、アイデアはストックしておきます。使った情報は、文章を保存しておけば、思い出すことができるからです。

しかし、その文章そのものは、伝える人にあげたものです。相手のためにアレンジしたために、必ずしも、自分のエッセンスそのものにはなりません。いわばデザインされているのです。

私は内容に関して、次のように四つの次元で分けて捉えています。

---

〈1〉**情報**（原情報〈一次情報〉と、伝聞・メディア情報〈二次情報〉）……材料、事実
〈2〉**コンセプト**（切り口、意見、言いたいこと、本質）……テーマ、自論、着想
〈3〉**データ**（数字・統計）……裏付け、論拠
〈4〉**表現、デザイン**……相手に伝える形、掲載したもの、発表もの

---

（例はP71参照）
〈1〉好きな仕事につけた大学卒業生ばかりではない。

〈2〉好きな仕事につくのがよいことか。
〈3〉好きな仕事についた卒業生と、そうでない卒業生のアンケート（就職三年目）
〈4〉好きな仕事と思っても、必ずしも好きな仕事といえないことが多い。

情報を集めたのち、そこから本質を読み込み、それをテーマの形で抜き出します。そして、データで裏付けて（このデータは必ずしも使うとは限りません）、相手が理解できる形に表現していきます。このときのデザインとは、相手に読みやすくする部分であり、時流や媒体に合わせたもの、読み手に合わせるための加工といった意味です。

ここで最も大切なことは、コンセプト、切り口であり、その主張を支える裏付けのデータや論拠です。

文章そのものは、作品であって、確かに大切なものですが、ビジネスでは、そのプロセスでの考え方や、コンセプト、アイデアの方を残していくことが、財産となります。これが次に〝書く力〟の原動力となるからです。もちろん、それに使った情報やデータは、文章の責任上も保存しておく必要があります。

## ❹アクセス時間十五秒をめざすためのファイリング

自分のもつ情報を使うための大原則は、その情報へのアクセスに手間取らないことです。せっかく読んだ本をダイジェストしてメモに記録しておいても、そのメモが見つけ出せず、もう一度、本を読み返した方が早いというのなら、ダイジェストをつくった意味はないのです。

私は仕事柄、保存された情報そのものには、大して重点をおきません。あればよいといった程度です。常にテーマが決まったら、新たな情報を捜し、使うくらいのフットワークの軽さをもっていたいと思っています。

こういう情報は、相手をよりうまく説得するために使うべきものです。聞かれたときのために、ファイリングしています。

私は、先に述べたメモ（ポストイットメモ）と、B5のルーズリーフを使っています。メモをルーズリーフに貼って（ルーズリーフ一枚にメモが四枚貼れる）使っているのです。どんなシステムでも、人それぞれであり自分に合ったやり方がよいと思いますが、いちいち書き直す手間は、面倒でしょう。

新聞や雑誌の情報は、切り取ったまま、つみ重ねておき、月に一、二回、分類してファイルボックスに入れています。すぐに使うものは、できる限り早く使ってしまい、処分しています。

こういった、二次情報（誰かが加工した情報）よりも、自分の〝書く力〟の方に情報が出てくると考えることが大切でしょう。

### ❺文章作成のプロセス、現場の記録を残す

クリエイティブな仕事とは、結果（出力された表現）を問われるものです。しかし、結果はプロセスを経て出てくるものである以上、力をつけていく段階では、プロセスの方が大切です。

〝結果よければすべてよし〟が許されるケースもありますが、プロセスが出せない人は、信頼されないのが組織の仕事というものです。

しかし、困ったことに、結果ほど、いい加減に出てしまうものはありません。

特にクリエイティブな仕事はクリエイティビティの度合いが増すほど、結果の評価が難しくなります。そのリスクマネジメントのためにも、一つの案や意見が結論にいたるま

で、どのような右往左往があったかは、きちんと残しておきたいものです。

私が仕事をみるときは、決定までのプロセス（進行の記録と決定事項の理由）がどのように記録されているかがポイントです。

プロセスが書いて残されていないところでは、仕事の功績はないのと同じです。誰かの頭の中に入り、そのままになってしまっている記憶ほど、いい加減で組織プロジェクトの仕事に適さないものはありません。必ず書き出して記録にしておくことです。

常にプロセスを記録するとともに、現場の情報（一次情報）を保存することです。私は、使った資料は極力、保存しておきます。たとえ、使わなかったとしても、それが情報を発信する原点であることは違いありません。

記憶は頼りにならないのです。後で何かを加えたいときに、あるいは思い出したいときに、頼りになるのは、現場で得たメモや資料です。

自分自身の勝手な思い込みで、つくり上げていっていないかを、仕上がったときに今一度メモと比べてチェックします。不審があれば、再度、調べ直せるようにしておかないと、後で困ることになります。これが、書くことへのリスクマネジメントです。

# 第4章

# 実際に書くためのケーススタディ〈実践練習法〉

## ■楽しみながら、基礎力をつける

### ❶週刊誌の文体、月刊誌の構成に学べ

ビジネスマンが表現力をつけるのに、作家の文章をまねる必要はありません。いかに簡潔に要領よく言いたいことをまとめるかということであれば、週刊誌を参考にするとよいでしょう。それも、ビジネスマンを対象にしているものがよいと思います。

●**そこでのデザイン部分（冒頭）**を研究してみると、必ず、ビジネスマンを魅きつける工夫がしてあります。それに現場での具体的な情報、発言をもとに組み立てているから、切迫感や臨場感がよく出ています。

●中には、いくぶん偏ったものがありますが、一応、表現としての最低限のレベルは満たしています。

●週刊誌がいい加減だというのは、**見出しが派手で、そこに人目をひくために嘘っぽいも**

**のが多い**からです。

●**記事そのものは、多くの人が思っているほどいい加減ではありません。**何十万部か出ているだけのことはあります。

ただし、**巧妙に逃げ道を用意したり、何も言っていないものが多い**というだけです。

●「週刊誌」と言われるように、**わずかな期間でまとめあげて刊行するには、取材不足や充分な材料の吟味ができない場合がほとんど**でしょう。その前提の上で捉えればよいのです。内容や文章をそれだけで他のものと比べたり判断する方がおかしいのです。

●**オピニオンリーダーの寄稿**などがあるときは、**出だしから、意見の展開方法、結論へのもっていきかた**をみるとよいでしょう。本よりもわかりやすく、短い分だけ要点がまとまっています。なぜなら、そこには、週刊誌だからできる主張や反論、意見が描かれているからです。

少なくとも、寄稿者も記者も取材者もこれでメシを食っているのですから、そこに載っている文章は、何かしら価値をもつ文章であると考えてみることです。

「週刊誌というのは、いい加減だから読まない」と言うのは、そこから読み取る眼がないからです。

●**いい加減でも、情報を展示して、一つの切り口で押し切って、読者の興味にまでもっていってしまう**ことこそ、週刊誌の力です。だからこそ、新しい動きや読み方ができるわけです。

●**短い文章や書評**などは、まとめ方などをみるのにわかりやすいですね。常に著者の視点を押さえ、それに対して自分の意見を比べていくと、考える力もつくでしょう。

●**タイムリーに、同じテーマをとりあげる**ので、自分の見方と各誌の識者の見方を比べるのに便利です。

月刊誌は、月刊ゆえに、週刊誌ではできないことに力を入れています。

●**特集やテーマに対し、構成を立て、切り込んでいます**。この独自性（記録性も含む）を学ぶことです。

●時間がかけられる分、週刊誌よりはずっと深く、企画とその意図、さらに構成、キャスティングを組み立てられるわけです。月刊誌は週刊誌よりは対象をまとめて見直せる時間があります。

●そこからは、**論の組み立て、材料のとり方、使い方**が学べるでしょう。

## ❷スポーツ新聞のコピーのセンスを身につけよ

『東スポ（東京スポーツ新聞）』が、センセーショナルな見出しのつけ方で、世の人に認知されてからだいぶたちます。

半ば、ジョークのようであっても、タイムリーに人の心に訴えかける表現ができるということは、一級品です。文章で笑わすということは、すごいことなのです。

他のメディアまで、こういうセンスを真似するようになってきました。ただし、それが消化不良で終わっていることが、少なくありません。

スポーツ、競馬、芸能ネタなどは、ヴィヴィッドに人々の心を捉える必要があります。

- 一行のコピーが大きな力を発揮します。
- 書き手が自ら楽しみ、読み手をも楽しませようというサービス精神が旺盛です。そういう文章には、よい情報がうまく加工されて出てくるものです。
- ここからは、コピーのセンスを身につけましょう。コピーとは、一文で最もうまいところを言い表すレトリックです。
- 小見出し、タイトルだけでなく、文中も出だしや末尾など、重要なところでバシッと決める文を書くことができるようになります。

コピーのセンスの勉強には、流行語やテレビCM、商品のちらしなども参考になります。四コマ漫画などもよいでしょう。ベストセラー本のタイトルにも学べます。

自分にピンときたコピーは写しておきます。こういうものを写すこと自体が、書く力のトレーニングになるのです。さらにこのコンセプトをアレンジして、よりおもしろいものを出したり、他の例に応用してみるとよいでしょう。

### ❸ 漫画、ドラマ、映画のストーリー展開を読み込め

起承転結が常に表われているのは、読み切りの漫画です。連載でも、四コマ漫画でもよいです。ビジュアル面にも学ぶものはいろいろとありますが、漫画の本筋のストーリー展開は、書く内容を構成するための、よい勉強材料となります。

主人公の性格づけや心理描写、時代背景や環境の描写なども、具体的であるから説得力が違います。これを文章で書き写してみましょう。

最近は、ビジネスマンの仕事や生き方をテーマにした漫画も少なくありません。これからは、社会の中でも漫画を使う場面がどんどんと増えていくでしょう。

絵を文章化どんな文章にも、ちょっとした捨てカットや説明を絵でやると効果的です。絵を文章化するトレーニングによって、文章を漫画にビジュアル化する力もついてくるでしょう。

漫画がリアリティを獲得するためにどういう手法を使っているのか、考えるのもよいでしょう。


さらに、内容面での勉強なら、企業小説をお勧めします。企業小説で知らない業界や、職種のビジネスマンにもいろいろな役柄の人がいます。職種の人々の立場がわかると、文章の表現力も高まります。

私は今、最も現実の世界を勉強していて、同時に強力な表現手段をもつため、現実の社会への影響力を少なからずもっているのが、漫画家だと思っています。

十万部で大ベストセラーのビジネス書に対し、漫画の売れ行きは一ケタ違います。ビジネスマンのなかでも、著名な漫画は、今や共通の教養とさえなりつつあります。これこそ、漫画が、書く力、表現力をもっていることの証明です。

内容に関しても、決して、他のジャンルのものにひけはとりません。ビジネスものでも、人間の心や哲学に言及できるレベルのものが多くなってきています。

昔の映画や小説以上に、若い人たちの行動や考え方に影響を与えているからでしょう。ここから若者のライフスタイルを学べます。

それればかりか、未来や世の中の未知の面をうかがい知ることもできるのです。

つまり、これからの思想、考え方、価値観、これらを、漫画を材料に考えてみるとよいということです。

## ❹おもしろい文章、コラムをまる写しせよ

名文と言われる文章を写すことは、文章上達法の基本かもしれません。しかし、それがおもしろくなければ、やめた方がいいと思います。続かないからです。

どうせなら、自分がおもしろいと思う文章を写すようにした方がよいでしょう。パソコンで作って、データベース化したらどうでしょうか。

おもしろさと、うまさは違いますが、トレーニングは楽しく、コツコツ長く続けることが上達のコツです。どうせならやっていて、おもしろいことをやった方がいいでしょう。

そのうち、何がおもしろいのか、おもしろいということはどういうことなのかがわかってきます。おもしろさにもレベルがあるのです。

おもしろいことを書くのではなく、おもしろく書くことが〝書く力〟です。

これは、わかりやすいことを書くのが、わかりやすい文章ではないのと同じです。難しいことでも、わかりやすく書くことが、〝書く力〟なのです。なぜなら、〝書く力〟とは、伝える力でもあるからです。

自分の好きな人の文章をまる写しするのもよいでしょう。できたら、自分流に書き直して、読み比べてみましょう。

## ❺ 難しい文章を図解でメモせよ

難しい文章は、時間がかかるわりに、得るところが少ないので、避ける方が無難です。しかし、自分が専門外であるために理解しにくい場合は、メモをとりながら読み進めていくことです。

特に、思想や理論書の場合は、前書きをしっかりと読みます。その上で図解をしながらメモをとっていくとわかりやすいです。よい文章なら、だんだんと一つのことにまとまってきて、すべてが一つの図で読めるようになります。

キーワードで関係を捉えた図をストックしていくと、ものを考える力がつきます。著者の思想を一つの図でまとめ、それを取り出して、他の事柄を読み取っていくこともできます。

ときには、著者自身が矛盾したことを言っていることにも気づきます。こういうトレーニングは、自分の文章をチェックするときにも役立ちます。

ただ、自分で文章を書くときは、他の人が図解しなくてもわかるように心がけましょう。ややこしいときや、誤解を招く危険があるときは、先に図表をつくってしまうとよいのです。一枚の図が、何十枚もの説明にも優ることはよくあります。

例として、私のTF式の図解を載せておきます。ここからどのくらい読みとれますか。

## 仕事をメモして実現していくためのTF式図解

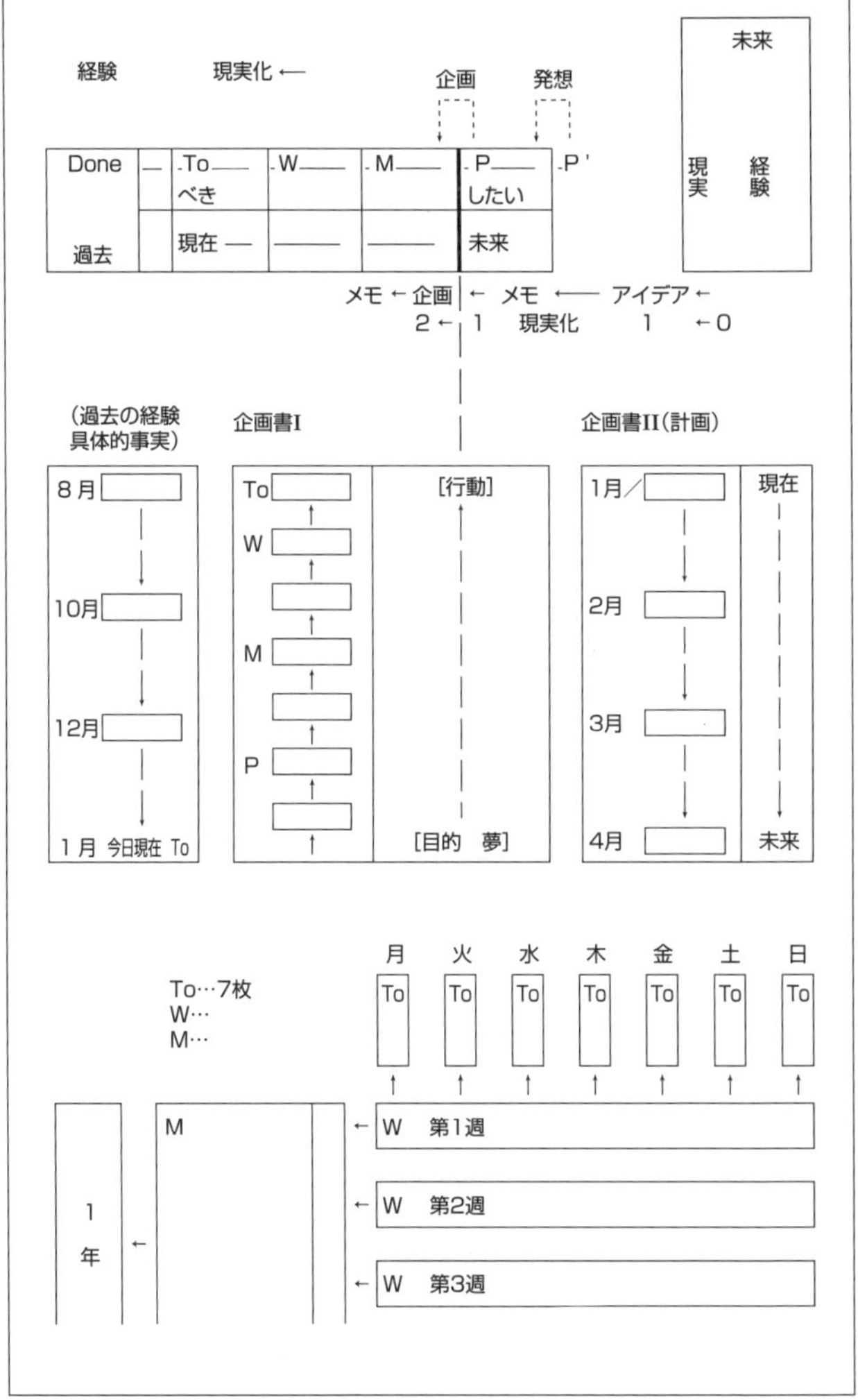

## ■がんばって、実践力をつける

### ❶講演のリライトとそのダイジェストをつくる

自分の勉強したい分野の先生の講演をテープに録り、リライトをしてみるとよいです。一字一句、起こしてみましょう。そこから、ダイジェストすればよいでしょう。六十分くらいの話なら、原稿用紙十枚から二十枚くらいでまとめられます。

自分で六十分話すのは難しいし、内容的にもあまりおもしろくはないでしょう。それなら、最初は六十分の話が何十万円もの価値をもっている人の話をリライトする方がよいでしょう。

リライトはテープを聞きながら完全に起こしていくのもよいのですが、慣れたら、テープの要点をメモして、そのメモを起こしていきましょう。話のエッセンスをつかむのがうまくなります。

私はテープを録らずとも、すぐに話を要点中心にダイジェストする力を身につけました。

速く書けるというのも実力のうちです。速く書けたらその分、自分の価値が高くなるのです。

この方法のメリットはまず、「話し言葉」を中心とした「やわらかい文体」のトレーニングができることです。

また、それを「書き言葉」に直していくところでも勉強できます。

「話の内容」そのものも勉強になります。その人が、どのように客を引きつけ、注意を向けさせ、最後まで話を聞くようにどのように工夫しているかもわかります。

つまり、客に対して、きちんとデザインできていないと話などは誰も聞きません。それを講師がどんな方法でやっているのかがよくわかるはずです。いろんなスタイルがあることもわかります。

例の引き方、笑いや泣きのとり方、話の本質的な部分での構成の仕方などは、すべて〝書く力〟に役立つことばかりです。

誰の講演でもよいし、TV番組からでもよいですから、自分が興味を感じるものを文章に起こしてみることをお勧めします。

## ❷一行のコピーから、六〇〇～一〇〇〇字の文章をつくる

一行のコピーから文章をつくること、これは、今、私がこの本で課せられている作業と同じです。決めた小見出しに従って、そこにそれぞれ六〇〇～一〇〇〇字ほどの内容を放り込んでいます。

最初は、何を書けばよいのか定まらないでしょう。「何も頭に入っていないのに、出てくるはずがない」と思うかもしれませんね。

しかし、何も入っていないはずがありません。必ず入っているのにうまく出てこないと考えるべきです。一人の人間が何十年生きて、何もないことはないのです。

もちろん、ただ何でも出せばよいというものではありません。

どのように出すべきかに、頭を使うのです。

小見出しを本と同じようにつけて、その本と同じ字数で異なる文章を書いてみるのも、勉強になります。一項目でかまいません。そしてじっくりと内容を比べましょう。

どちらがよい悪いではなく、より深いかということです。

あなたが書いたことをプロの書き手が予想して文中で反論して封じてしまっていたとし

たら、あなたの負けです。

企画開発部や広報宣伝部の人には、これは本業です。一行のキャッチコピーから、商品サービスの説明をしていきます。キャッチコピーに合わせて絞り込んでいきます。

## ❸三題噺をつくる

一行のコピーから何とか文章をつくることができるようになったら、次に三行のコピーを結び付けて、文章を組み立てることを考えてみましょう。

A、B、Cと全く脈絡のなさそうな三つのテーマ（言葉）を何とか一つの話に読み込んでいくことを、三題噺といいます。

落語家は、客からもらった三つの言葉をすぐに取りこんで話をつくる力があります。それに対応できるトレーニングを積んでいるからです。客を感心させるようにうまく一つの話に納めるには、相当の力が必要です。

この三題噺は、入試論文や入社問題にもよく出されます。これで、その人の発想力や頭の柔らかさが計れるからです。〝書く力〟、〝考える力〟はいうまでもなく、どのくらい書くこと、考えることに慣れているかもわかるでしょう。

文章のセンスがあるとか、文章をまとめるのがうまいといわれる人は、こういうことにすぐれています。これはビジネス社会でも威力を発揮します。

「○と言えば○、その心は○」というのも似ています。共に言葉尻をいくら捉えてもだめです。背後のイメージのなかに共通するものを思い浮かべてまとめていくのがコツです。何事も本質を見抜け、本質を捉えよと言われます。この場合、言葉を支えるイメージこそ本質と言われるものです。

事実だけ、三つ並べても結びつかないことが、その裏にあるイメージを出して、うまくくっていくとまとめられるのです。

イメージですから言葉でなく、絵にして考えるトレーニングを勧めたいです。きちんとした構成のある四コマ漫画三つをつなげるストーリーをつくることもおもしろいでしょう。

## ❹好きなTV・CMの代案をつくる

TVのCMは鋭い感性によって、時代と商品訴性をうまく掴まえ、さらにビジュアルに体現されたものです。そのなかから、自分の好きなものを選んでみましょう。それを参考に、CMから自分で絵コンテに落としてみます。よりよく変えてみましょう。（絵コンテや台本、製作過程は広告の雑誌をみればわかります）

いろんな映像（映画、ドラマ）を活字で叙述してみるのも力がつきます。しかし、時間がかかりますから、十五秒くらいのCMでよいでしょう。

そして、コピーライターの気分で、代案を二、三つくってみましょう。ラジオのCMや紙面広告にも挑戦しましょう。恰好のテーマとなるはずです。

あるCMを異なるメディア、媒体でやればどう変わるかを実例から学び、自分でもやってみるとおもしろいです。

特に最近は、漫画が舞台化されたり、ドラマ、映画化されています。それぞれの原本、脚本、作品を比べるととても勉強になります。

## ❺仕事をすべてマニュアル化し、企画書とせよ

自分の日常の仕事をマニュアル化して、もっている人は多いでしょう。それを一冊の本と同じような形に企画してみたらどうでしょう。もちろん、できる範囲内でのことですが、〝書く力〟を有効に使えます。

社内に配る文書も雑誌やビジネス書のスタイルをまねして、読みやすさなどのよい面をとり入れていくべきです。入社案内やＨＰ（ホームページ）は、随分とそれに近くなりました。

私は、仕事はすべてマニュアル化しておくべきだと思っています。口頭でのＯＪＴ引き継ぎよりも、各人がマニュアルですべて渡せるところまで書き込んでおきます。これを組織として共有しておくことです。

そのようになっていない仕事は、改善の余地が少なくありません。仕事の共通部分は共通のマニュアルにして、誰もが使えるように保存しておくことです。その考えを応用したのがＦＡＱ（Frequency Answer Question）です。

これはあらかじめ想定した質問に答えをつけて、先に与えておくというすぐれたシステムです。また、実際の問題からどんどん加えていくことで強力かつ、親切なデータベースとなります。

マニュアルは、人が使うものですから、自分だけがわかるようなものではだめです。マニュアルの完成度は、実際に初めてその仕事をする人に使ってもらえればわかります。

そこで、ネックとなったところを書き加えていきます。すると、何が足らずにうまくできなかったのかがわかります。この試行錯誤からあらかじめ、書かなくてはいけないところ、注意すべきポイントの使い方などもわかってきます。これは書く力となります。

さらにこれは、総合的にものごとを捉えて判断したり、人をうまく指導する力にもなります。仕事の無駄や無理もマニュアルを体系化する過程でわかってきます。

マニュアルには例外も生じますが、それも例示しておくとよいでしょう。よいマニュアルをつくれる人は、仕事がわかっていると言えます。〝書く力〟と、〝仕事の力〟を同時につけるために、マニュアルづくりは有効な方法なのです。

## ❻読んだ本や観た映画の評を書き、他の評と比べる

本を読むことは、書く力をつけるのに、大変に勉強になることは、今さら言うまでもありません。本を題材にトレーニングしてみましょう。

読んだ本を自分なりに、メモをとり、四百字で、二、三枚にまとめてみます。それを評論家の評と比べてみます。何がどう違うのかをはっきりとさせればよいのです。そして、

一つくらい自分に取り柄があると思えば、今度は、そこを中心に論を展開してみます。

次にスピードをあげていきます。一冊を六十分でメモして、三十分で二枚にまとめます。思考はメモのなかでやるようにします。時間を区切ってスピードをあげる方が、頭の中はまとまりやすいし、インスピレーションも起こりやすいのです。

読んだり書いたりする速さが、考えるためには必要だということが、もっと強調されてもよいと思います。特にビジネスにおいては、時間はコスト意識と結びつけて考えるべきですから、時間に対してどれだけできるかという能力を伸ばす必要があります。

中級のトレーニングは、映画や劇の評です。最初はパンフレットをみてもよいでしょう。手元にある本や資料で調べてみます。こういう作業のなかで、何を言えばよいのか、そのために何をどういうふうに使っていくのかを少しずつ学んでいきます。

さらに高いレベルのトレーニングとしては、音楽や絵などを言葉で表現していくことです。とにかく、あらゆる機会を捉えて、書くことを実践していきましょう。

## ❼作品のプロットを書き出し、改作してみる

何であれ、自分の作品というのは楽しいものです。しかし、それをつくるのが大変なら、盗作、一部改作でもよいでしょう。発表さえしなければ罪になりません。私の知り合いに、パロディ、替え歌の名手がいましたが、今は、ひとかどのＳＦ作家となりました。

推理小説などは、構成がしっかりしています。一昔前の映画は、惚れ惚れするほど、緻密なストーリーをもっていました。そのプロットを書き出してみましょう。

めんどうなら「シナリオ」を買って、脚本に手を加えていきます。

歌や漫才でも、改作すればもっとおもしろくできます。こういうところで、プロとクリエイティビティを競うと自信とともに力もつきます。

そのうち、一作ぐらい名作が書けるようになります。どんなプロもそこから始めたのですから。

たとえば、詩の勉強をするとします。私が一篇つくりました。わずか五分。それは、本歌があるからです。原作をしのげていないから、まねにすぎませんが、そうした判断も含

めて、こうして基準を知っていくと、早く上達できるのです。

〈まねていく創作のトレーニング　勉強法〉

**「静かなねむり」**元歌（詩）

つかれて
ねむくなつて
静かにねる
心地よさ

自分は毎晩
静かにねられることを
感謝し
そしてねられぬ人々のことを思ふ。

**「さっそうとした起床」**改作（詩）

めざめて
さっそうと起きる
気持ちよさ

自分は毎朝
さっそうと起きられることを
感謝し
そして起きあがれぬ人々のことを思ふ

どうかして
皆
静かにねられるやうに
したいものだと思ふ。
（武者小路実篤）
「武者小路実篤詩集」（角川文庫）より

どうかして
皆
さっそうと起きられるやうに
したいものだと思ふ
（福島）

## ❽中学生に読んでもらい、すべてわかる文章に直す

目的や媒体によって、読み手の対象は異なります。しかし、文章のレベルのことで言うならば、難しく書くのはよくありません。いつも、高校生や中学生が読めるレベルにしましょう。

中学生に読んでもらい、わかるならよいでしょう。しかし、これで内容や構成までよいわけではありません。通信講座で添削してもらうように、自分で添削してみましょう。

●読み手が迷う可能性のある文章は、思いきって省きます。

●なくてもよい文章も省きます。
●少しでもわかりにくい文章なら、全て削ることです。
●文章の意味内容がうまく伝わるには、わかりにくいとか、迷うところがないことです。

つまり、推敲をするのは、あいまいな表現をすべてなくすことだと思えばよいのです。

社会人になってから覚えた、あて字や用語を多用する人がいますが、あまり使わないようにしましょう。「出来る」は「できる」でよいのです。漢字も当用漢字で十分です。

## ■柔軟で強力な表現力をつける

### ❶書いた文章を一週間ごとに手を入れる

どんなテーマでもよいから、まずは、四百字で三枚の文章を書く時間を決めます。そして時計を片手に、チャレンジしてみましょう。途中でも時間がきたら終わりにします。一週間寝かせて、およそ半分から三分の二になるくらい、文章を削ってみます。さらに、また一週間後に手を入れます。かなり、よくなるはずです。

話なら、言いたいことを時間のなかでまとめます。早口にすると、わずかな時間で多くのことをつけ足せます。

しかし、書くときは分量に応じて内容を膨らませていくトレーニングをすべきです。

私にも、同じテーマで分量の違う依頼がくることが少なくありません。四百字で三十枚で書いた内容と、同じようなことを十枚でとか、五枚でと言われます。しかし、本質的なことを捉えておけば、言いたいことは、何枚であっても書けるものです。

基本的には言いたいことはＡ４一枚（四百字で三枚　千字くらい）でまとまります。できたら五枚、二千字くらいだとありがたいです。それ以上は分量に応じて、内容を強めるために加えていくのだと考えるとよいでしょう。

## ❷長く書いたものをダイジェストする

本に書いたことを一時間で話して欲しいとか、原稿用紙十枚でまとめて欲しいという依頼がきます。ところがこれは、一度頭の中で理解できているだけに簡単です。大体、本よりもうまくまとまったよいものができます。

一冊の本の内容は、一枚でまとめられます。本当に大切なことは少ししかありません。分量はそれをわかりやすく説明するために、どう構成するのかの問題から、必要となってきます。

本質（エッセンス）をつかんでおけば、それが価値となるのですから、相手に応じて材料や構成を変えればよいのです。極端な話、同じことを全く違った方向から述べていくこともできます。

私が値打ちのあると見込んだ人の話や本というのは、たくさんメモする気にさせてくれるものです。そのときの私にとって、価値を生じるものがある、ということです。吸収するというよりも、創造の題材としてメモするからです。

その人の話や本に良し悪しがあるのではなく、こちらがどのくらいインスピレーションをもって、そこから発想できるかによって、その価値も決まるのです。


本は、分量とか冊数で数えず、十分から十五分で一つひらめきを得ていくようなペースでの読み方をしてみてください。

雑誌を一時間に五～十冊読むことも、本を四、五冊読むこともできます。頭を刺激しなければ、どんどんページを飛ばせばよいのです。

良書のみ読むにも、人生は短いし、人は本のみで生きるものではないからです。書かれた内容を自分の人生に生かして初めて、価値があるからです。

ですから、問題意識をもって臨むことが大切なのです。


まず、自分の得意なテーマで文章を十枚でも二十枚でも書いてみます。そして、それを人前でダイジェストして話すつもりで、五枚にまとめてみます。さらに、一、二枚で書いてみます。

これは、それほど難しいことではありません。慣れていない人でも、短くしていくと、よくなるものです。

## ❸著者の話から入ろう

私は多くの著者を本で知り、講演会やシンポジウムの講師として招いて、本と話を比べてきました。

話というのは、聞き手のレベルに合わせ伝えたいことを中心に組み立てます。だから、とてもわかりやすいものです。

それに対して本を一冊書き終えることで、著者自身も、そのテーマや構成について、何をどう言えばよいのか見えてきた場合も多かったように思うのです。

ですから、難しい本を読むときは、そのことについて、本人が語ったことやインタビューなど、話したことをまとめた文章を理解することから入ると早いでしょう。

特に苦手な分野、興味のもちにくいテーマは、「著者の講演や著者自身を取材した記事」

に接してから、読み始めると楽です。何となくその人の雰囲気が文章のなかに感じられ、親近感を抱くと、少々難解でも読んでいくことができます。

頭に入れる最もよいやり方は、興味をもつことです。本の内容よりもその著者に興味をもてばよいのです。

タレント本が売れるのも、タレント自身が書いたものが案外とおもしろいのは、そのせいでしょう。

雑誌にはよく、一冊の本のダイジェストや著者のインタビューが載っています。そこで、語られていることと、本で述べられていることの違いを比べるのもおもしろいものです。

著者の話やその著作への評論と、それに関する記事などを比べるのも、その方法の一つです。こういうことから、裏が読めてきます。

雑誌への信頼度などは、自分の専門分野のことで判断するとよいでしょう。雑誌により、得手不得手もあります。どの雑誌が実際、どの分野に強いかなども少しずつわかってきます。結局は、どのような人が書いているかという問題です。

最近は少なくなりましたが、講演した話がそのまま原稿になるような人もいます。そういう人のテープをリライトしてみます。そしてダイジェストすると、これも表現力をつけるにはよいでしょう。落語などもよい題材です。

## ❹雑誌のエッセイ、論文に「?」と「!」を入れる

私は、本を読むことは、著者と対話をすることだと思っています。本の代金を払った上、本を読む時間まで奪われるのですから、それなりに使わせてもらえなければ、と思っています。

いつも、意地悪く「本当ですか」「でも例外もあるのではないですか」「こういう場合もありますよ」と次々と「?」と質問を浴びせていきます。

書く力のある人の文章は、こちらの質問よりも先に、質問がでてこないくらいに先に疑問を打ち消していきます。それどころか、かなり極端な質問まで考えて、答えてくれています。私にとってよい本は、私に「うん、うん」と、「!」「!」を、たくさん打たせてくれます。

つまり、先に述べた〈転〉も多いのです。

逆に書く力のない人の文章は、こちらの質問や疑問に答えてくれないどころか、次々と拡散していき、支離滅裂となります。つまり、絞り込みをきちんと行っていないのです。主張を押すことをできずに、拡散してしまっているのです。

これで同じ四百字のなかの文章でも、雲泥の差がついてしまうものです。

うまい人の文章は、いくつかの説明、たとえから一つの言いたいことにもってきます。そのあとにも、それを使って次々といくつもの答え、意見を絞り込みつつ出していきます。それが読者には快感になります。イマジネーションを喚起しポイントを押さえた文章だからです。

本に直接、「？」や「！」を入れてみましょう。自分の文章を直すよりも、人の文章に疑問をつけることの方が簡単です。そこで疑問のつけ方を身につけ、自分にも必要なものをそろえていきます。

## ❺話の流れにあらゆる反ばくを加えてみる

自分の文章についても、すっきりとしていないところは、「？」をつけていきます。異論や反対意見を書き込んでいくとよいでしょう。

正解はないのですから、まったく逆の立場から文章をつくることも可能です。どちらの立場に立つのかは、後で決めてもよいのです。また、複数の立場をつくるのもよいでしょう。

たとえば、一つのテーマ（新規事業開拓）に対して、

部長「今年の出店は前回よりやや大きな規模で、月に一店としようと思う。」（穏健）

課長「いや、三倍ぐらいの広さで、思い切ってやってしまうべきです。」（極右）

A君「規模は小さくして、三店舗に分けませんか。」（左）

B君「今年は見合わせ、来年にしませんか。」（保守）

C君「やはり、前回と全く同じようにしましょう。」（中庸）

と、書き連ねていきます。

先のテーマについては、それぞれがどうして自案を主張するのかという理由（意見の拠り所）を出し、それを比較検討しなくては先に進めないことは明らかです。ところが、文

章になると、一意見を表面だけで捉えて終わってしまうことがよくわかるのです。テレビなどの討論番組も、各人の意見の流れをメモすると、一見、白熱しているようであっても、大半は大意をつかまず、論理立てをしない感情論でまわっているのがわかります。

渦中に入ると見えなくなるものが、外からはよくわかるものです。ですから、自分への反対意見を言える人や、そういう立場に立つ人の言うことを大切にすることです。常に反対側の意見としてその人を念頭においておくと、一人よがりの意見になるのを避けられます。

そもそも表現する必要性は、相手を動かすことにあります。味方（同じ意見の人）には、何も表現する必要はありません。だから、敵を説得できるように表現することが大切なのです。そのためには、（反論）相手の立場で自分の主張をつかむ力が必要です。

表現とは、権威や固定した考え、形骸化したものに対する反ばくなのです。ペンは暴力よりも強し。まわりの人が皆、同調できないものであってこそ、表現するにふさわしいとさえ言えます。

新規事業もビジネスも、多くの人ができないと思ったことを表現し、やってきた人間がどこかにいるから、この世に現れ出たのです。

さらにパワフル、一段上の論立てで、なおかつ深い思慮、心理がそこにあってこそ、人を動かすことができるのです。

## ❻相手に合わせて文体を変えて書いてみる

私に依頼のくるメディアの対象は、若者から、女性、中高年、さらにシルバー向けまで、さまざまです。そのために、いつとは知れず文体を使い分けるようになってきました。立場としても、上から呼びかけるときもあれば、同じ立場で一緒に、というときも、下から持ちあげたり、お伺いをたてることもあります。

これを上、中、下というのもおかしいですが、何かを伝えるためには、その都度、自分が最も書きやすい立場をつくりながら、書くことも大切です。それとともに、相手の立場を想定し、限定していく必要があります。

見えない相手に書いても、決してよい文章にはなりません。仮に相手がわからないときでも、それなりに決めて書かなくてはいけません。
文章は、誰もが読める文体で書く必要はありません。相手がそれでよいというのなら方言でも、記号でも暗号でもよいのです。相手が内容を理解でき、伝わればよいのです。

こう考えると、プライベートな文章とオフィシャルな文章の違いといっても、単に伝える相手の絞り込み方の違いだけだといえます。
プライベートからオフィシャルというレベルは、内側から外側に対して、
自分―身内の者―会社の人―取引先や業界関係者―お客様――一般の人
自分―家族―友人―知人―見知らぬ人
という具合になります。
こういうレベルで対象を区切っていったとき、外側の人に対して、内側の人にあてた文章は通じないということに過ぎません。
日記に自分しかわからぬ言葉、ラブレターに恋人同士でしかわからない言葉が出てきてもかまいません。それが、一般の文書に使えないのは、対象が違うため、正しく伝わらないからです。対象が違うというのは、共通の約束事ができていない相手だということです。

だから、文書そのものの良し悪しは、共通の約束事をふまえて、正しくわかりやすく伝わるかどうかになります。文体、内容もそのために決まってきます。

若者雑誌やネット、メールで、若者しかわからぬ文体があっても、国語教育の乱れなど言う必要はありません。その文体だからこそ、より多くのことが正しく伝わっているのです。そんなことを言う人こそ、新しくそこに築かれた約束を守っていないとさえ言えます。青森に行って、津軽弁がわからないと非難する人はいないでしょう。

言葉の乱れは、若者が大人に対して、大人にもわかると思って使ったり、大人にわかる言葉に言い換えられないから起こります。しかし多くの場合、そのコミュニケーション能力の拙さに原因があるというよりも、大人に伝えようと思って使っていない言葉を、大人がとりあげているところに問題があります。コミュニケーションギャップが生じるのは、大人の方がそう感じているだけなのです。

日本にビジネスに来ているアメリカ人に、日本語を話せというよりは、日本人が英語で話した方が早いというのと同じ理由で大人社会が優先されてきたのにすぎません。

標準語を関西弁などの方言に直す変換ソフトがあります。これはおもしろいです。味もそっけもない文章が、単に関西弁にしただけで、生き生きしてきます。

私たちは、もっと多くの文体、文のスタイルを駆使してもよいと思います。そこから発想やインスピレーションが刺激されることも少なくないはずです。もちろん、伝達のために使うときは、相手を考えることですが……。

## ❼本や論文の前書きや導入部分を研究する

本や論文は、「前書き」をみれば、およそ著者のレベルと本の価値というのはわかります。そこに意気込みがみえるようなものが、私としては好感がもてます。

よい商品はその名前もよいといわれます。よい本は、必ずしもタイトルがよいわけではありませんが、**前文**は概してよいものです。小説や映画も導入部分がよいものは、よいと期待できるといえるでしょう。

前文の難しい著者の本は、覚悟するか割り切って読まないと、とんだ時間つぶしになりかねません。

私は、企画書を書くとき、**目次**（＝構成立て）と同時に、**前書き**まで書いておきます。そこまで書けると、これで半分できあがったのも同じという感じがします。それだけ大切な部分なのです。

**導入部分**のうまい人の文章は思わずまねたくなります。

企画書や研究論文などを出すとき、その導入部分は、時流にあったものが欲しいので、週刊誌やビジネス書の冒頭の文を適当にアレンジして入れてみたこともあります。

①**導入**：導入部分はデザインです。手紙でいうと、あいさつであり、「いかがお過ごしですか」「どうなさっていますか」と相手の身の上に配慮したコミュニケーション部分です。「あなたは？　最近は？」ということです。

②**前書き**：次に「私は」「最近は」という自分の主張をもってくる前置きの部分をつくります。

導入部分は、先に書いた人（たとえば、雑誌なら、前号の同じ特集を先に書いている人）がいれば、それを参考にするとよいでしょう。

私は原稿を頼まれたら必ず、二、三冊、前の号をもらいます。そして、そこから、読者層を想定しつつ、自分なりに対象を限定します。導入部分をいくつかみると、誰が読むのかがわかるからです。

文体や文章スタイルも参考になります。〝書く力〟そのものがありながら、こういうところの配慮に欠ける人は多いのですが、私は、これも〝書く力〟だと思います。

③**本文**：表現は相手に伝えるものであると同じに、そのメディアのフィルターがかかるものであると述べました。

論文でも投稿でも、相手が受け入れやすいのは、それまでに絞り込まれてきた読み手を意識したものであるのは確かです。

特に、データの引用があるときは、必ず引用先の文献を手に入れて、データの数字などを確認しておくとよいでしょう。数字をぞんざいに扱う人が少なくないのですが、孫引きで間違っては恥ずかしいものです。

## ❽歴史物、偉人伝をまとめてみる

私がとても勉強になったのは、オーナーの自叙伝や会社の社史などの監修を頼まれたときです。会社を大きくするのはオーナーの器と言われますが、それはそのまま、オーナーの思想でもあります。

会社の商品、サービスとは、思想の現実化したものであり、社員はその信奉者です。少なくとも、その会社が飛躍的に伸びていた時期はそうであったはずです。

これは、書く力と無関係なわけではありません。

オーナーは、書くか話すかして、集団をまとめあげ、戦力化し、一つのコミュニティをつくり上げました。社是、社訓、社歌、社内規定、会社のなかで、オーナーが書き残してきたものはたくさんあります。

それを追っていくと、何を書くべきか、どう書くべきかということが、ポイントをついてみえてきます。いつ、どういう立場で何を表現していったかが、一つの会社でその歴史がドラマチックに展開されているからです。

あなたの会社の社史やオーナーの研究をやってみてはどうでしょうか。

会社嫌いであれば、なおさらのこと、会社の考えと自分との考えを書き出してみるとよいでしょう。会社にはあなたが思う以上に、人間にとって深いものが内在しているものです。

これほど、身近なところにある自分の会社の与えてくれる最大の財産に、無関心な人が多いのはなぜでしょうか。それをあなたの〝書く力〟で出すことができれば、あなたはもっと充実して働くことができると思います。

成功者、スター、歴史的人物の研究も、同じような意味で有効です。いったい人々は、なぜそういう人に魅かれたのか、その人は壁をどのようして破っていったのか、それをあなたの言葉でまとめていくと、きっと書くことがおもしろく、ためになることでしょう。

## ■IT時代の〝書く力〟

### ❶書くことを通じて、新しいコミュニケーションが可能となる

書くことは一見、衰退しているように見えます。「若者は文章が書けない」と言って、活字文化の衰えを憂えている人が少なくありません。

今の中高年からそう見えても、新入社員の頃を考えたら、どうでしょう。書くことの能力は、今の若い人も負けてはいないでしょう。情報量などは、数倍多くなったため、そう簡単に文章化できなくなったとも言えましょう。

インターネットの普及によって、ますますメールを中心に、書いて伝える力は、問われるようになってきました。

一方で、従来からあった手紙、葉書などのツール、俳句、短歌などの書く文化も再び活性化しているようです。

企画や発想力が、〝書く力〟と大きく結びついていることは述べました。

創造的な社会になると、企業内での生産や流通がモノだけではなく、書くことによる情報を中心とするようになってきます。今まで、モノの販促のための補助的な役割だった書くことが、そのまま主力商品と同じくらいの役割をもつようになります。どう見ても、時代は、〝書く力〟を求めています。即ち〝書く力〟のある人を求めているともいえます。求められているなら、その力を持とうとする人が増えるのは当然でしょう。

書くことは、個人の作業ですから、発信もしやすいのです。換金性もあります。少なくとも現在の日本は、これまでの、どの時代よりも書くことで生計を立てている人が多いはずです。しかも、一人で、です。その傾向はさらに強くなるでしょう。〝書く力〟があれば、一人でもその中味をつくり出せるから、企業のようなシステムがなくとも、メシが食えます。売文稼業は、二十代で独立、高収入も可能なのです。

現に、「ＩＴ業界の富豪」と言われる人たちは、ＩＴの知識もさることながら、書く力でのコンテンツづくりで、のし上がってきたとも言えるのです。

一方、企業においては、創造的業務という、今まで評価できなかった、頭の中での個人の知的生産物を、書くことによって出し、評価する体制に変わっていくでしょう。

知的所有権の訴訟問題も、その表われでした。それによって、組織も大きく変わります。個人の思いをアウトプットするために、効率のよいシステムが取り入れられていくでしょう。

〝書く力〟のある人が、おたがいにその能力を交換して、教えあったり、刺激されて、よりよいものを築き上げることが、これからの時代の中心となります。

やがて、誰もが〝書く力〟を高め、かつての文化人を集めてのシンポジウムや学術会議でのディスカッションレベルのことが、一般の人のなかでも行なわれるようになっていくでしょう。

なぜなら、インターネットの普及で、一人ひとりが、テーマを極めていく、そのプロセスで、他の人のやっていることに、今まで以上に関心をもって、学ぶことができるようになったからです。

ジャンルの壁はどんどんと崩されていきます。一流の人は、他の分野の一流のこともわかります。これはテーマとしての深さなのです。一流になるほど、深くなり、結局は、人間の力そのものに結びつきます。深い井戸を掘れば、いきつく水源は同じということです。地下水脈、ここにたどりつけば、新たなコミュニケーションにつながっていけます。
そこまで掘る手段で、最も有効なものは、〝書く力〟だということです。
スポーツでも芸術でも、深い井戸は掘れます。その深さで交わるのには、言葉では難しいのです。しかし、〝書く力〟があれば、書かれた文字は、その深さを理解し合える言語となるのです。

## ❷異論を発信しよう

若い人が活字離れしていると言われてからも久しいのですが、先に述べたように、私は逆に書く機会は増えており、相当の文字量を、読み書きとして使っているのではないかと思います。

昔ほど、同じことを長い時間、突きつめて考えなくなったため、一見、深みがないように思えますが、これだけ多様なライフスタイルのなかでは、逆に多くのテーマについて、短い時間で考えていくように、ずいぶんと安易に気楽に鍛えられていきます。考えた量では同じです。

もちろん、すぐに情報や発言が入手できることにより、テーマの切り口が固定化され、情報操作されているかのように自制（自主規制）することで、考え方が画一化していく傾向にあるのは、仕方ないと思います。

しかし、皆が同じことを考え、同じことを書く社会ほど、恐い社会はありません。

この本では、「皆と違うことを書くことしか、書く意味はない」という主旨で、一つのことをまわりと同じように考えたり、書いたりしてしまわないように、書くトレーニングを勧めたいのです。

政財界のトップたちがいつも、間の抜けたことをやって、刺激してくれているので、考えるテーマには、困らないでしょう。

日本人の知的水準も、これからは単にモノを知っていることよりも、新しいことを提案していく力で問われてくるでしょう。

ハイテクを駆使するオタクは、高度な情報加工と伝達手段をもち始めています。これからの社会をグローバルに動かしていくでしょう。ハッカーの存在もクローズアップされてきました。

まさに、どのような情報から、あなたが新たに役立つものをどうつくりあげていくか、なのです。

## ❸広大な共有手帳としてのネット社会

人の手帳や日記は、その人を知らない人には、おもしろくありません。そこに書かれたことは、手帳の持ち主の関心のあることでしかなく、見てもわかりにくいし、知ったところで大して何にもならないからです。

しかし、急激に普及したブログは、まさに公開手帳、公開日記といえます。こういうものを利用していくと、楽しみながら〝書く力〟をつけられます。

手帳には、必ずスケジュール欄、アドレス欄、メモ欄があります。これは、多くの人が同じことを必要とするなら、それをあらかじめ、共通のフォーマットとして、最初からメモ帳に印刷しておくと、使うのに便利だからです。

手帳とメモは、公私問わず使うものです。メールは、伝えるのにとても便利です。ホームページやブログは、その両方の役割を兼ねもっています。

書く力をトレーニングするには、大きな楽しみを見つけるべきです。

それを私は、他の人に開かれた場でやることを勧めたいのです。すると、モチベーションが持続するからです。メール、ブログ、メルマガ、ネット販売やホームページなどで、これらのことが可能になったのは、とてもありがたいことに思います。

ただし、必ず自分の名で発信するようにしましょう。匿名で掲示板に書き込む人は、特に日本では多いのですが、安易なはけ口を求めることでは、本当の力はつきません。

## ❹次代をひらく情報データベースと検索エンジン

情報は集めておくものでなく、必要なときにアクセスしたらすぐに取り出せるものとなりました。集めて保存し、記憶しておく整理能力よりも、必要なときに、すぐにどこからどう取り出すかというサーチャ（検索）能力が問われるようになったのです。

これは、Ｇｏｏｇｌｅなどすぐれた検索機能ができたおかげです。データベースとは、そもそも、単に情報のストックなのではなく、次に何かをつくり出すときのアイデアバンクとして活用されるべきものです。

これをうまく使うことで、編集したり、調査する仕事は、今までの数十分の一の時間やコストでできます。その分、創造的な活動に振り向けられるというわけです。

## ❺自分のホームページ、ブログをつくろう

企業でも、ＮＰＯやサークル、地域のコミュニティ活動でも、長続きしてうまくやっているところは、コミュニケーションツールをうまく活用していることが多いようです。組織のトップや代表者が、自分の考えや全体の活動報告を、きちんと伝えることで、信用、信頼と求心力が生まれるからです。

私のところには、起業家や、勉強会の主宰者の会報やメルマガがたくさん届きます。こういったニュースレターによって、人脈とのコミュニケーションが保たれ、自己実現できるからでしょう。

きれいにつくるのにも、発信するにも、一昔前に比べると、ずいぶんとお金も手間もかからなくなりました。こういうメディアは一方的でなく、仲間にも投稿してもらい、ツーウェイが可能となるまでが一苦労ですが、そのしくみがうまく取り入れられています。

本や雑誌では、たとえ執筆したり掲載できても、自分の思いを一〇〇パーセントは伝えられないし、立場もでてきます。何より、量と期限と編集による制限があります。

それに対し、メルマガは、自分が発行するから自由です。量も発行回数も自由です。だから、続けにくいというデメリットもあります。

それには、本書で述べたように、自ら期限量を決め、他人（読者）に対し、ターゲットを絞り込むこと、それによって実行することができます。

期限が切られると、書かなくてはいけなくなります。しかも、他の人が読んで読みごたえがあるように書くのです。そうしないと、読者を失います。

このように、書くトレーニングの結果を発表する場を意図的につくることは、書くことのモチベーションになります。

他の人から頼まれたら、書こうと思っている人も多いようですが、自分で書き、自分でつくったメディアで伝えようとするところから、始めるべきだと思います。それが認められ、どこかから反応や依頼がくれば、それも楽しいではないですか。

そこまでできない人は、他の人の出しているものを手伝うのもよいと思います。誰でも、内容を充実させるのにてんてこまいしているから、歓迎されるはずです。それを通じてあなたの〝書く力〟もつくことでしょう。

## 最後に

何ごとも、一つのことを習得するためには、基本となる考え方をしっかりとマスターすることが大切です。それが最も早い道でしょう。この本は〝書く力〟をつけるための基本書です。〝書く力〟が、ビジネスにいかに重要であるかという切り口で、構成してみました。

〝書く力〟をつけるためには、〝書く力〟をつけようというモティベートが大切だからです。そのために〝書く力がビジネスを決める〟というムチと、〝書く力〟は決して特別な能力でなく、誰でも身についており、それをどう使い、伸ばしていくかということだけが問題だ、というアメを随所に入れておきました。

それとともに、次の点を指摘したのは、本書の特色と言ってもよいでしょう。

- **書く内容は、書くことによって生じる（アウトプット先と書く力）**
- **話し言葉の伝達性の悪さ**

## ●書く力は全ての人に必要な力であること
## ●情報、知識の限界と発想力の重要性

本書では「正しいことや間違いのないことを書こうということさえ、間違いである」（本文P75より）と、書くことでの冒険を肯定的にお勧めしているのです。（同様の表現では、本文中に「皆と違うことを書くことしか書く意味はない」「一つのことをまわりと同じように考えたり、書いたりしてしまわないように書くトレーニングを勧めたいのです」本文P210）

書くことに正解はありません。ですから、誰でも気楽に思うがままに、書くことに親しむことが何よりも大切なことです。

これからのクリエイティブな能力が要求される社会において、〝書く力〟は、ますます必要とされるでしょう。本書を通じて、私は次代のビジネス社会のマネジメントや評価制度まで、問題提起したつもりです。

この本一冊を最大限に活用すれば、何度も読み返し実践すれば、〝書く力〟もビジネスの力もつくでしょう。

まだまだ言い足りないこともありますが、今回は、私自身の〝書く力〟への〝思い〟を優先させてもらうことにしました。

この本には、〝書く力〟についての〝思い〟が充分に出たように思います。その思いをしっかりと受けとめて欲しいのです。

ビジネス文例集などよりも、文例をすぐにつくるための〝書く力〟をつけるこの本を、デスクに一冊、お勧めします。

書くことを仕事にしている人、教えている人などにも是非、一読いただければ幸いです。多数の方からの忌憚のないご意見、ご叱咤をお待ち申し上げております。

福島　哲史

**「書く力」を身につければ**
**面白いほど仕事はうまくいく!**

著　者　　福島　哲史
発行者　　真船美保子
発行所　　KK ロングセラーズ
東京都新宿区高田馬場 2-1-2　〒 169-0075
電話 (03) 3204-5161(代)　振替 00120-7-145737
http://www.kklong.co.jp
印　刷　　(株)暁印刷　　製　本　　(株)難波製本

落丁・乱丁はお取り替えいたします。
※定価と発行日はカバーに表示してあります。
ISBN978-4-8454-0979-2　C0230　Printed In Japan 2016